山东省
政务公开发展水平
研究报告

（2019）

RESEARCH REPORT ON
THE DEVELOPMENT LEVEL OF GOVERNMENT AFFAIRS OPENNESS
IN SHANDONG PROVINCE (2019)

周鸣乐　戚元华　李　刚　李　敏／著

社会科学文献出版社
SOCIAL SCIENCES ACADEMIC PRESS (CHINA)

项目组负责人

周鸣乐 齐鲁工业大学（山东省科学院）山东省计算中心（国家超级计算济南中心）副研究员

戚元华 齐鲁工业大学（山东省科学院）山东省计算中心（国家超级计算济南中心）工程师

李　刚 齐鲁工业大学（山东省科学院）山东省计算中心（国家超级计算济南中心）研究员

李　敏 齐鲁工业大学（山东省科学院）山东省计算中心（国家超级计算济南中心）副研究员

项目组成员（以姓氏笔画为序）

丁西凯　王　昊　王小斐　王春景　田德允　冯正乾
刘一鸣　李　旺　李玉梅　谷训刚　张传超　周煜坤
高　鹏　曹生利　葛宝财　解宏泽

摘 要

为进一步推进政务公开工作，提升政府透明度，围绕行政权力运行公开、重点领域信息公开、依申请公开、政策解读与回应关切、政务公开保障机制等五个方面，项目组对山东省 39 家省直部门、单位，16 家市政府和 137 家县（市、区）政府的政务公开工作进行了评估，分析了全省政务公开工作进展情况，并针对存在的问题提出了改进建议。全书分为总报告和专题报告两部分。

总报告总结了 2019 年山东省政务公开工作总体情况，全省各级行政机关高度重视政务公开工作、体制机制逐步健全，公众参与扩大、政府决策更加透明，重点领域延伸、公开内容日趋精细，依申请公开渠道畅通、依法行政不断推进，政策解读形式丰富、解读实效持续增强，保障机制健全，平台建设有序统一。但同时也存在一些问题，如政府信息公开目录指标化现象，执行过程和结果信息整合力度不足，部分重点领域信息公开深度不足，依申请公开规范性有待提升，政策解读材料形式和内容有待规范等。下一步，要加快转变行政机关思想观念、确保公开落到实处，贯彻实施重大行政决策程序、增强公众参与实效，全面推进基层标准化规范化、提升政务公开质量，切实加强政务公开平台建设、准确发布权威信息，健全优化公开考核评估机制、改进考评方式方法。

专题报告以山东省政务公开为研究基点，从政府信息公开工作年度报告、政府信息公开指南、公共企事业单位信息公开、依申请公开、政府网站互动交流和政务新媒体政务公开情况等方面，对山东省政务公开工作中的热点、难点问题进行了研究。

关键词： 政务公开　国家治理体系和治理能力现代化　第三方评估

Abstract

In order to advance the government affairs openness and enhance the transparency of the government, the assessment team has carried out the third-party assessment work of 39 provincial departments and units, 16 municipal governments and 137 county (city and district) governments in Shandong Province from five aspects: the administrative power operation openness, the key area information openness, the openness according to applications, the policy interpretation & responding to social concerns, and the security mechanisms of government affairs openness. This report analyzes the progress of government affairs openness work, and puts forward improvement suggestions for the existing problems. This whole book is divided into two parts, such an general report and special reports.

The general report of this book summarizes the overall situation of Shandong government affairs publicity work in 2019, and found that administrative organs at all levels in the province attach great importance to the government affairs openness and gradually improve the system and mechanism. The public participation is gradually expanding, and government decision-making is more transparent. The key areas are extended and the open contents are increasingly refined. The channels of openness according to the application are smooth and the administration according to law has been continuously promoted. The form of policy interpretation is rich and the effectiveness of policy interpretation is continuously enhanced. The guarantee mechanism is gradually improved and the platform construction is orderly and unified. But it also has some problems, such as the government information disclosure catalogue and evaluation index system re confused, the integration of execution process and result information is insufficient, the depth of information disclosure in some key areas is insufficient, the standardization of openness according to application needs to be improved, the form and content of policy interpretation materials need to be standardized, etc. The next step is to speed up the transformation of administrative organs' ideology and ensure the implementation of government affairs openness, carry out major administrative decision-making procedures and enhance the effectiveness of public participation, comprehensively promote the standardization of grassroots units and improve the quality of government affairs openness, strengthen the construction of government affairs openness platform and release authoritative information accurately, and perfect and optimize the evaluation mechanism and improve the evaluation methods.

Based on the research of Shandong Province's government affairsopenness, this book studies the hot and difficult issues in Shandong Province's government affairs openness work from six aspects: the annual report on government information disclosure work, the government information disclosure guidance, the openness according to applications, interactive communication of government portal website, information disclosure of public enterprises and institutions, new government media.

Key word: Government Affairs Openness; Modernization of National Governance System and Governance Capacity; Third-Party Assessment

前　言

2019 年是中华人民共和国成立 70 周年，是全面建成小康社会、实现第一个百年奋斗目标的关键之年，是山东省的"工作落实年"，也是全面推进政务公开工作的关键一年。落实好加快新旧动能转换、打好"三大攻坚战"、实施乡村振兴战略、发展海洋经济、推动军民融合各项决策部署，是新时代政务公开的使命担当。山东省委、省政府高度重视政务公开工作，继续将其纳入省直机关绩效考核，并在2019 年政府工作报告中明确提出："推动行政权力全过程公开、公共服务全流程公开、社会关切全方位回应。" 2019 年，山东省重点围绕政策落实扩大公开、解读回应深化公开、政民互动拓展公开、平台建设优化公开、组织保障强化公开等五个方面持续做好政务公开工作，不断提升政务公开的质量和实效，全省政务公开工作向纵深发展。

2019 年度中国政府政务公开金秤砣奖评选结果显示，山东省继续稳居前三名，连续三届获得金秤砣奖。2019 年是连续第五年在全省开展政务公开第三方评估工作。五年来，评估范围逐年扩大，评估内容逐步实现了以问题为导向、以需求为导向，找准公众关注点和公开重点，积极扩大公众参与，鼓励公开理念和方法的创新。

上篇为总报告，主要是为深入贯彻党的十九大和十九届二中、三中、四中全会精神，认真落实《政府信息公开条例》《关于全面推进政务公开工作的意见》《2019 年政务公开工作要点》（国办发〔2019〕14号）部署，进一步推进政务公开工作，提升政府透明度。齐鲁工业大学（山东省科学院）山东省计算中心（国家超级计算济南中心）政务公开评估工作组（以下简称"评估工作组"）对全省 39 家省直部门、单位，16 家市政府和 137 家县（市、区）政府 2019 年的政务公开工作进行了评估，并针对存在的问题提出了改进建议。

下篇为专题报告，共分为六章：第一章是对山东省各级各部门2018 年政府信息公开工作年度报告发布情况的评估，分析了存在的问题，并提出了改进建议；第二章对山东省各级各部门是否按照新修订的《政府信息公开条例》要求和机构改革情况，及时调整完善政府信息公开指南的情况进行了评估；第三章选取医疗机构，高等院校，义务教育学校，供水、供电、供气、供热等公用事业单位，公共交通等领域公共企事业单位，从政策梳理、信息公开情况等角度，分析了存在的主要问题，并提出了相应的改进对策；第四章分析了近几年山东省依申请公开工作情况，总结了近 3 年评估工作组开展依申请公开暗访评估工作中存在的共性问题，并提出了改进措施；第五章从山东省各级政府网站互动交流栏目建设和管理、互动交流暗访结果等方面分析了全省互动交流工作开展情况；第六章回顾了政务新媒体的发展现状和政策环境，并对全省政务微博和政务微信政务公开情况开展了研究。

目　录

上篇　总报告

下篇 专题报告

上篇　总报告

第一章　评估概况

第一节　评估工作

一　评估依据

本次评估的依据主要包括但不限于以下内容：

◇《中华人民共和国政府信息公开条例》（2007 年 4 月 5 日中华人民共和国国务院令第 492 号公布，2019 年 4 月 3 日中华人民共和国国务院令第 711 号修订）（以下简称《条例》）

◇《重大行政决策程序暂行条例》（中华人民共和国国务院令第713 号）

◇《国务院办公厅关于进一步加强政府信息公开　回应社会关切提升政府公信力的意见》（国办发〔2013〕100 号）

◇《关于全面推进政务公开工作的意见》（中办发〔2016〕8号）（以下简称《意见》）

◇《国务院办公厅印发〈关于全面推进政务公开工作的意见〉实施细则的通知》（国办发〔2016〕80号）（以下简称《实施细则》）

◇《国务院办公厅关于在政务公开工作中进一步做好政务舆情回应的通知》（国办发〔2016〕61号）

◇《国务院关于加快推进"互联网＋政务服务"工作的指导意见》（国发〔2016〕55号）

◇《国务院办公厅关于印发政府网站发展指引的通知》（国办发〔2017〕47号）（以下简称《指引》）

◇《国务院办公厅关于印发2019年政务公开工作要点的通知》（国办发〔2019〕14号）

◇《中共中央办公厅、国务院办公厅印发〈关于进一步推进预算公开工作的意见〉的通知》（中办发〔2016〕13号）

◇《关于印发〈地方预决算公开操作规程〉的通知》（财预〔2016〕143号）

◇《国务院办公厅关于推进重大建设项目批准和实施领域政府信息公开的意见》（国办发〔2017〕94号）

◇《国务院办公厅关于推进公共资源配置领域政府信息公开的意见》（国办发〔2017〕97号）

◇《国务院办公厅关于推进社会公益事业建设领域政府信息公开的意见》（国办发〔2018〕10号）

◇《关于推进中央企业信息公开的指导意见》（国资发〔2016〕315号）

◇《国务院关于在市场监管领域全面推行部门联合"双随机、一公开"监管的意见》（国发〔2019〕5号）

◇《国务院办公厅关于推进政务新媒体健康有序发展的意见》（国办发〔2018〕123 号）

◇《国务院办公厅关于做好政府公报工作的通知》（国办发〔2018〕22 号）

◇《国务院办公厅关于全面推行行政规范性文件合法性审核机制的指导意见》（国办发〔2018〕115 号）

◇《国务院办公厅关于加强行政规范性文件制定和监督管理工作的通知》（国办发〔2018〕37 号）

◇《国务院办公厅关于全面推行行政执法公示制度　执法全过程记录制度　重大执法决定法制审核制度的指导意见》（国办发〔2018〕118 号）

◇《关于印发〈地方政府债务信息公开办法（试行）〉的通知》（财预〔2018〕209 号）

◇《国务院办公厅秘书局关于印发政府网站与政务新媒体检查指标、监管工作年度考核指标的通知》

◇《国家发展改革委办公厅关于进一步做好公共资源交易领域政府信息公开工作的通知》（发改办法规〔2018〕94 号）

◇《国务院办公厅关于聚焦企业关切　进一步推动优化营商环境政策落实的通知》（国办发〔2018〕104 号）

◇《省委办公厅　省政府办公厅印发〈关于全面推进政务公开工作的实施意见〉的通知》（鲁办发〔2016〕43 号）

◇《山东省人民政府办公厅关于印发 2019 年山东省政务公开工作要点的通知》（鲁政办发〔2019〕15 号）（以下简称《要点》）

◇《山东省人民政府办公厅关于做好人大代表建议和政协提案办理结果公开工作的通知》（鲁政办字〔2016〕63 号）

◇《山东省人民政府办公厅关于印发山东省全面推行"双随机、

一公开"监管工作实施方案的通知》（鲁政办字〔2016〕214号）

◇《山东省人民政府办公厅关于推进全省政务新媒体健康有序发展的通知》（鲁政办字〔2019〕43号）

◇《山东省人民政府办公厅关于印发数字山东2019行动方案的通知》（鲁政办字〔2019〕45号）

◇《山东省人民政府办公厅关于进一步做好行政规范性文件合法性审核工作的通知》（鲁政办发〔2019〕5号）

◇2019年全省政务公开工作部署要求

二 评估对象

本次评估对象为39家省直部门、单位（包括组成部门、直属特设机构、直属机构、部门管理机构和部分中央驻鲁单位），16家市政府和137家县（市、区）政府。

三 评估原则

本次评估工作坚持公平公正、客观量化、注重实效、促进工作的原则。

（一）公平公正

统一评估内容、评估标准，公正、客观地进行评估，面向公众，公开评估过程和评估结果。

（二）客观量化

科学制定评估办法和评估内容，合理设定评估指标和分值，采用定量和定性相结合的方法，制定量化的具体标准，客观公正地进行评价，确保评估结果真实可靠。

（三）注重实效

严格按照评估标准和要求实施评估，严格评估纪律，规范评估程序，简化评估流程，提高评估实效。

（四）促进工作

评估本着鼓励先进、激发干劲的目的，最大限度地调动各级各部门的工作积极性、主动性和创造性，促进全省政务公开工作全面发展。

四 评估方法

针对本次评估内容与指标，采用客观与主观相结合、人工评价与计算机评价相结合的方法，通过观测评估对象门户网站、实际验证等方式，对各级政府依法、准确、全面、及时公开政府信息的情况进行测评，总结政务公开工作中取得的成就，并分析当前存在的问题①。

（一）客观与主观相结合

本次评估工作采用客观与主观相结合的方法。依照评估指标体系，对于指标体系中能够量化的指标，通过评估工具或人工采集进行客观评估。对于无法量化的指标，统一评估标准，采取主观判断、多份数据求和平均的方法进行评估，确保评估工作公正、合理。

（二）人工评价与计算机评价相结合

本次评估工作采取人工评价与计算机评价相结合的方法。对于可量化或可通过工具采集的数据，使用专用计算机工具进行采集，对于无法量化或通过工具无法采集的数据，采用人工方式进行采集，并将所有采集数据录入具有自主知识产权的采集系统进行统计分析。

（三）模拟暗访

对于依申请公开、互动交流回应等评估指标内容，除了常规评估

---

① 李刚、李旺、戚元华、周鸣乐：《山东省政务公开发展水平研究报告（2018）》，中国社会科学出版社，2019，第5~8页。

手段外，还采取了模拟暗访的方式进行评估，即通过以公众身份实际提交申请，评估相关部门的答复、回应情况，对应评估指标体系进行评估。

（四）同一指标平行测试

每一轮评估中每个评估对象的每项指标由同一个人全部完成，并在同一时间段内完成数据的采集工作，确保每个评估对象每项指标的评测标准和评分尺度、评测时间相同，从而确保每个评估对象的指标评估标准一致。

（五）专家咨询

在评估过程中，为提高评估质量、规范评估程序，对比较重要的指标项或存在疑惑的指标项，由评估工作组向专家顾问组进行咨询，再由专家顾问组提出科学的咨询评估意见或建议，评估人员根据专家顾问组的意见或建议进行有效评估。

（六）数据质量核查

采集到政务公开数据之后，按照严格的标准对采集的多组数据质量进行核查。一查数据采集源，确保数据采集来源全面统一；二查数据格式，确保从各单位采集的数据格式正确，以符合评估标准；三查数据质量，确保采集数据准确可靠。

（七）统一评估标准

在评估工作进行之前，对评估工作组内部人员进行培训。培训内容涉及政务公开评估指标体系、评估方式、评估标准等。通过系统的培训学习，评估工作组人员对评估指标项有更清晰的理解，从而形成统一的评估标准，确保评估结果的客观公正。

五 评估时间

本次评估的时间为 2019 年 7 月 1 日至 2020 年 2 月 29 日，数据采集时间为 2020 年 1 月 4 日至 2020 年 2 月 29 日，政府信息公开工作年度报告、政府信息公开指南、年度政务公开工作要点或实施方案的评估提前至 2019 年 7 月至 9 月，依申请公开和互动交流的暗访分别于 2019 年 8 月至 12 月陆续发出。

第二节 评估指标

2019 年评估工作延续了指标体系的征求意见环节，保障指标体系设计的合理性和公平性。截至 2019 年 10 月 25 日，共收到 16 家市政府提出的意见 21 条，经过专家咨询、专题讨论等认真研究分析后，采纳了 10 条，未采纳 11 条，并逐一对相应的市政府进行了反馈和理由说明；共收到 39 家省直部门、单位提出的意见 55 条，采纳了 39 条，未采纳 16 条，并逐一对相应的省直部门、单位进行了反馈和理由说明。

一 设计思路

2019 年山东省政务公开第三方评估指标体系的设计，紧紧围绕党中央、国务院和省委、省政府的最新部署要求，结合新修订的《条例》，注重与国务院办公厅组织的对全国各省份政务公开第三方评估指标相衔接，着重突出了本年度政务公开重点工作的落实情况。

（一）紧跟发展趋势，关注系列部署贯彻落实

在梳理近年党中央、国务院和省委、省政府有关政务公开工作系列部署要求的基础上，以落实 2019 年政务公开重点工作安排为主线，结合加快新旧动能转换、打好三大攻坚战、实施乡村振兴战略、发展海洋经济、推动军民融合各项决策部署，深度融入本次政务公开第三方评估指标体系，通过开展第三方评估工作，切实促进相关部署要求

的贯彻落实。

（二）扩大评估范围，关注各领域差别化公开

随着政府权力的下放，各级公共企事业单位开始承担越来越多的公共服务职能。为进一步督促和指导各级公共企事业单位和国有企业的信息公开工作，本年度评估在以往评估的基础上，增设了公共企事业单位和国有企业评估。

（三）强化标准引领，关注基层规范化标准化

充分运用基层政务公开标准化规范化试点成果，借鉴吸收 26 个试点领域国务院部门制定的标准指引，结合各级政府的权责清单和公共服务事项清单，全面落实各领域标准指引。

（四）坚持需求导向，关注民生保障领域信息

通过对接政务公开在公开理念、工作落实、公开标准等方面存在的问题，以解决人民群众最为关注和反映最强烈的问题为导向，聚焦保障和改善民生，紧紧围绕社会公众和企业公开需求，有针对性地设置评估指标。

（五）鼓励创新突破，关注典型经验总结推广

本次评估指标的设计旨在引导各级政府运用互联网思维，创新公开模式，克服第三方评估趋同倾向，并将推进政务公开工作过程中具有创新性的优秀经验做法进行总结推广。

二 指标体系

评估指标采用五级树形结构，包括五个一级指标："行政权力运行公开""重点领域信息公开""依申请公开""政策解读与回应关切""政务公开保障机制"。指标权重情况如图 1 - 1 所示。

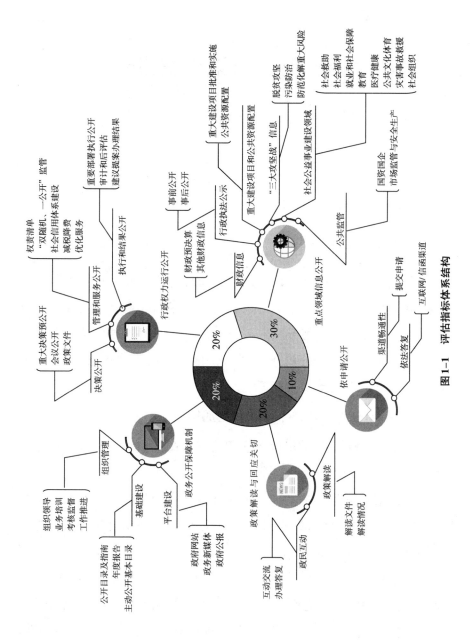

图 1-1 评估指标体系结构

第二章 总体评估结果与分析

第一节 总体评估结果

一 省直部门、单位

本次对于省直部门、单位的评估，指标体系沿用了上年共性指标和专项指标的形式，专项指标的设置进一步参考了各部门、单位发布的年度政务公开工作实施方案或工作措施，更有针对性，力求最大限度地反映各部门、单位的政务公开工作情况。由本次评估结果来看，省直部门、单位表现出如下特征。

（一）平均分与上年持平，分布更加均衡

省直部门、单位近4年政务公开第三方评估得分分布情况如图2-1所示。

从评估结果来看，省直部门、单位近4年政务公开工作水平提升较为明显。2019年，省直部门、单位平均得分87.07分，与上年基本持平，97.44%的省直部门、单位得分超过了70分。其中，48.72%的省直部门、单位得分在80~90分，38.46%的省直部门、单位得分高于90分。这说明，2019年机构改革之后，省直各部门、各有关单位持续加大政务公开工作推进协调力度，整体上呈现持续向好态势。

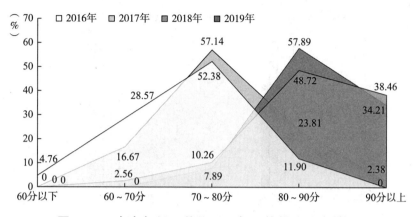

图 2-1 省直部门、单位近 4 年评估得分分布情况

（二）共性指标得分指数①略有波动，专项指标得分指数明显提升

省直部门、单位共性指标和专项指标平均得分指数与近 4 年的对比情况如图 2-2 所示。省直部门、单位专项指标平均得分指数为 94.63%，相比上年提高了 3.14 个百分点，表明省直各部门、各有关单位对本系统、本行业重点领域信息公开的力度不断加大，山东省重点领域信息公开工作取得良好成效；共性指标平均得分指数为 85.98%，相比上年下降了 0.76 个百分点，基本与上年持平，表明省直各部门、有关单位年内继续明确工作责任，积极做好机构改革后的政务公开工作，持续加大政策解读和回应关切力度，健全完善常态化的政务公开工作保障机制。

二 市政府

本次对于 16 家市政府的评估，在继续将各市所辖全部县（市、区）政府平均得分以 30% 的比例计入各市政府总分的基础上，又将

---

① 得分指数是指某项指标的评估得分值与该项指标满分值的比值，以小数表示或者换算成百分比。

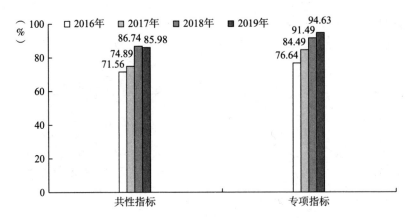

图 2-2　省直部门、单位共性指标和专项指标得分指数年度对比情况

市属公共企事业单位平均得分以 5% 的比例计入市政府总分。评估结果显示，16 家市政府政务公开工作保持了较高水平，各市政府一级指标平均得分和得分指数情况如图 2-3 所示。

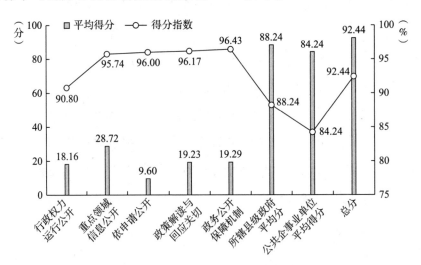

图 2-3　各市政府一级指标平均得分和得分指数情况

（一）16 家市政府评估得分相对县（市、区）政府仍然较高，且各市差距逐渐缩小

从本次评估结果来看，16 家市政府平均得分达到了 92.44 分，平

均得分连续 4 年稳步提升。本次评估中，16 家市政府最低得分超过了 85 分，且得分的中位数约为 92.7 分，充分说明 16 家市政府得分差距进一步缩小，整体水平较上年又跨上了新台阶。

相比省直部门、单位和县（市、区）政府，市政府仍然保持较高的政务公开水平，如图 2-4 所示。省直部门、单位，16 家市政府和县（市、区）政府每年都在进步和提升，特别是县（市、区）政府本次评估平均得分达到了 88.24 分，较上年提高了 2 分多。这说明，在 16 家市政府的统一指导和督促下，各县（市、区）政府不断加快标准化规范化建设，政务公开意识和水平显著提升，逐步走向全面推进的新阶段。

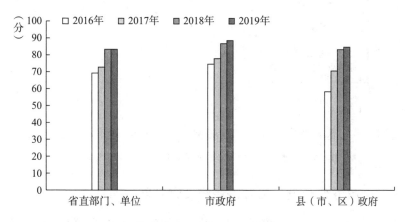

图 2-4　近 4 年省直部门、单位，市政府和县（市、区）
政府评估平均得分

（二）市域统筹推进、市县共同发展的格局初现

2019 年，山东省政务公开工作呈现"市域统筹推进、市县共同发展"的良好格局。

从图 2-5 可以看出，市本级政府得分和所辖县（市、区）政府平均得分存在较大关联。16 家市政府中统筹推进力度大的，整体水平有明显提升。例如：潍坊、青岛、济南、威海、济宁、聊城、临沂等市政府，市本级政府得分和所辖县（市、区）政府平均得分均较高；东营、德州、泰安等市政府在所辖各县（市、区）政府整体水平提升上成绩较为显著，市本级政府得分有待进一步提升；日照、烟台、滨州等市政府，市本级政府得分较高，但对所辖县（市、区）政府协调推进力度有待进一步加大；枣庄、菏泽、淄博等市政府，市本级政府和所辖各县（市、区）政府整体政务公开水平还有待进一步提升。

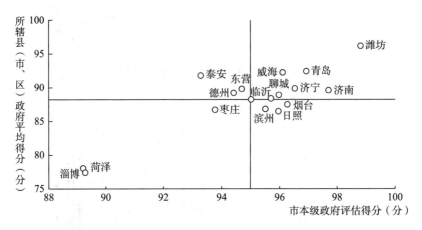

图 2 - 5 市本级政府得分和所辖县（市、区）政府平均得分关系

注：直线分别表示市本级政府平均得分和所辖县（市、区）政府平均得分。

（三）政务公开已成为各市经济社会发展的助推器

2019 年 12 月 25 日至 26 日，山东省委经济工作会议提出，2020 年山东一项重点工作是推进省会、胶东、鲁南三大经济圈①一体化发展。

由图 2 - 6 可知，胶东经济圈平均得分为 94.54 分，省会经济圈平均得分为 91.85 分，鲁南经济圈平均得分为 90.84 分。这说明，随着山东省配合国家重大区域战略实施，积极推进省会、胶东、鲁南三大经济圈一体化发展，胶东和省会经济圈逐步将推进政务公开作为提

---

① 省会经济圈包括济南市、淄博市、泰安市、东营市、滨州市、德州市和聊城市；胶东经济圈包括青岛市、烟台市、潍坊市、威海市和日照市；鲁南经济圈包括临沂市、枣庄市、济宁市和菏泽市。

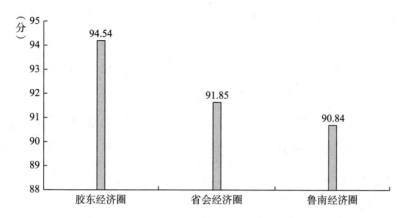

图 2 - 6 省会、胶东、鲁南三大经济圈平均得分情况

升治理体系和治理能力现代化、优化营商环境的重要举措,整体水平高于鲁南经济圈,政务公开已成为经济社会发展的有力助推器。

(四)行政权力运行公开得分指数略有波动,其余指标进步明显

16家市政府近两年各一级指标和所辖县(市、区)政府平均得分情况如图2-7所示。

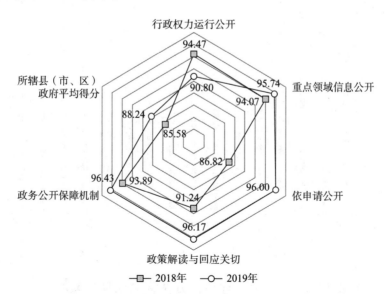

图 2 - 7 市政府近两年各一级指标平均得分指数情况

从各一级指标的得分指数来看，各项指标平均得分指数均超过了86%，仍然保持了较高水准。与2018年相比，2019年行政权力运行公开指标的平均得分指数略有下降，其余一级指标的平均得分指数均呈上升趋势，其中，依申请公开指标平均得分指数提高了9.18个百分点。这说明，16家市政府及其部门年内不断强化依法行政意识，建立健全依申请公开的受理、办理、答复、审核、反馈等各环节程序，依法依规答复。

三 县（市、区）政府

深化基层政务公开，提高行政效能，加快建设法治政府、服务型政府，一直是政务公开工作的重点之一。山东省政务公开第三方评估工作已经连续开展了5年，评估范围逐年扩大。2019年继续将全省137家县（市、区）政府全部纳入评估范围。从本次评估结果来看，如图2-8所示，各市所辖县（市、区）政府较上年均有较大提升，且各市的得分差距逐渐缩小。

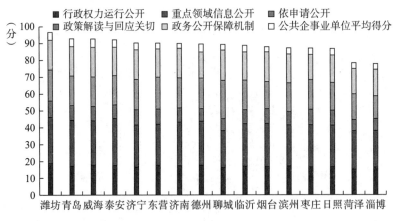

图2-8 各市政府所辖县（市、区）政府平均得分情况

（一）县（市、区）政府评估得分两极分化现象减弱

自2017年开始，评估工作组将全省137家县（市、区）政府全

部纳入评估范围，2019 年是连续第 3 年评估所有县（市、区）政府。近两年各县（市、区）政府成绩分布情况对比如图 2-9 所示。

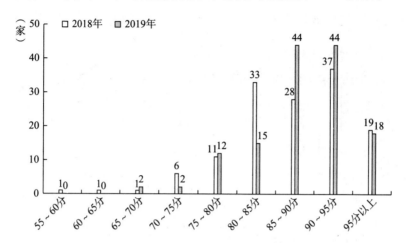

图 2-9　近两年县（市、区）政府第三方评估得分分布情况对比

从图中可以看出，2018 年，各县（市、区）政府评估得分低于 65 分的有 2 家，超过 90 分的有 56 家，占总数的 40.88%，47.45% 的县（市、区）政府评估得分分布在 85~95 分；2019 年，全部县（市、区）政府得分均高于 65 分，75 分以下的仅有 4 家，且 64.23% 的县（市、区）政府评估得分分布在 85~95 分，整体评估得分分布情况更加均衡，大致呈"菱形"分布。这说明，在近几年评估工作的引导下，各县（市、区）政府政务公开水平又迈上了新台阶，取得了突破性进展。

（二）各市所辖县（市、区）政府评估得分仍有差距

各市所辖县（市、区）政府得分分差（本市最高分与最低分之差）情况如图 2-10 和图 2-11 所示。

从所属市域来看，如图 2-10 所示，潍坊、威海、东营等市所辖县（市、区）政府得分较为平均；济南、青岛、滨州、临沂等市由于所辖县（市、区）政府数量较多，统筹协调较为困难，出现了不同程度的两极分化现象；聊城、烟台、日照、枣庄、菏泽、淄博等市所辖县（市、区）政府得分极不均衡，且均低于所有县（市、区）政府的平均分，整体成绩有待进一步提升。

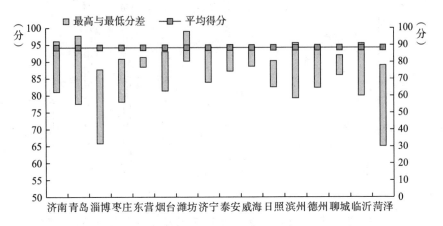

图 2-10 各市所辖县（市、区）政府得分分差

说明：条形表示该市所辖县（市、区）政府中最高得分与最低得分的差值，条形越长，代表该市的两极分化现象越严重；直线表示所有县（市、区）政府的平均得分。

从一级指标得分情况来看，如图 2-11 所示，依申请公开、政策

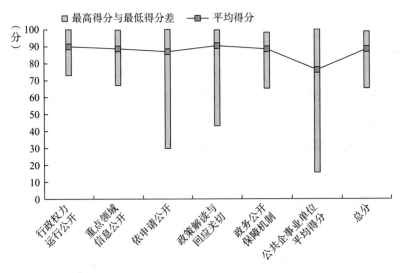

图 2-11 一级指标得分指数分差

解读与回应关切和公共企事业单位信息公开出现了不同程度的两极分化现象。这表明,部分县(市、区)政府对依申请公开、政策解读与回应关切、公共企事业单位信息公开等重视程度和协调力度不一。在行政权力运行公开、重点领域信息公开和政务公开保障机制方面,各县(市、区)政府的差距逐渐缩小,表明本年度各县(市、区)政府认真贯彻落实"五公开"要求,切实加强财政信息、公共资源配置、重大建设项目和社会公益事业建设领域信息公开工作,不断完善政务公开保障机制。

第二节 评价分析

一 政务公开整体特点

(一)重视程度提升,体制机制逐步健全

2019 年是山东省的"工作落实年",也是全面推进政务公开工作的关键一年。省委、省政府高度重视政务公开工作,继续纳入省直机关绩效考核,并在 2019 年政府工作报告中明确提出:"推动行政权力全过程公开、公共服务全流程公开、社会关切全方位回应。"各市政府也均将政务公开工作列入政府工作报告,作为推进依法治省和提高政府治理能力的重点任务推进,如表 2 - 1 所示,重视程度进一步提升。

表 2 - 1 2019 年各市政府工作报告摘选

序号	市政府	摘选
1	济南	深入推进政务公开,始终把政府工作放在全社会的"聚光灯"下,提高政府的公信力
2	青岛	深化政务公开,推进重大建设项目、公共资源配置、社会公益事业建设领域政府信息公开。加快政务服务热线整合,完善政务舆情回应机制

续表

序号	市政府	摘选
3	淄博	强化审计监督，扩大政府信息公开范围，让权力在阳光下运行，使广大公务人员自觉做到知敬畏、存戒惧、守底线，切实营造风清气正的政治生态
4	枣庄	健全政务公开、新闻发布和网络诉求跟踪办理等制度，提升政务服务热线、政风行风热线办理质量
5	东营	深化"放管服"改革，推进综合执法和政务公开，对违法者"利剑高悬"，对守法者"无事不扰"
6	烟台	有序推进政府机构改革，坚持依法行政，提升政务公开规范化水平，设立市级统一的政务信息资源共享交换平台，整合全市"12345"政务服务热线。深入推进政务公开，及时回应群众关切
7	潍坊	政务公开第三方评估成绩和综合考核继续保持全省领先。全面深化政务公开工作
8	济宁	全面推行政务公开，让权力在阳光下运行
9	泰安	政务资源信息整合共享、政务公开、政风行风评议积极推进，政府公信力进一步提升
10	威海	深入推进政务公开，主动接受社会监督和舆论监督
11	日照	扎实做好政务公开工作，在全省首推市民代列席政府会议制度，政务信息系统整合共享实现省定目标。深入推进政务公开，让权力在阳光下运行
12	临沂	深化政务公开，完善群众诉求解决机制，市政务服务热线群众诉求事项办结率99%以上。构建主动发布、政策解读、回应关切的政务公开新格局，真正让权力在阳光下运行
13	德州	全面推进政务公开，加强政府信用建设，着力提升政府公信力
14	聊城	全面推进政务公开，加强政务诚信建设，畅通社会监督和媒体监督渠道，让权力在阳光下运行
15	滨州	强化政务公开，加快"数据资源、业务协同、政务服务"信息共享体系建设，推动政务"上云端"、服务"接地气"
16	菏泽	加强审计工作，规范公共资源交易和政府采购，强化政务公开，推进行政权力事项全部上网，确保权力在阳光下运行

根据机构改革、职能转变、人员变动和工作需要，将省政府办公厅政府信息与政务公开处调整更名为政务公开办公室，强化了管理职能，并及时调整了山东省政务公开领导小组。全省 16 家市政府中，14 家成立了政务公开办公室或政务公开科，另外 2 家市政府也加挂了政务公开办公室牌子，全部配备了专职人员，全省上下贯通的领导体制和推进合力基本形成。

2019 年，山东省相继印发了《山东省人民政府办公厅关于推进全省政务新媒体健康有序发展的通知》（鲁政办发〔2019〕3 号）、《山东省人民政府办公厅关于进一步做好行政规范性文件合法性审核工作的通知》（鲁政办发〔2019〕5 号）、《山东省全面推行行政执法公示制度　执法全过程记录制度　重大执法决定法制审核制度实施方案》（鲁政办发〔2019〕9 号）、《山东省人民政府关于在市场监管领域全面推行部门联合"双随机、一公开"监管的实施意见》（鲁政发〔2019〕10 号）等，分别从政务新媒体发展、规范性文件合法性审核、行政执法公示和"双随机、一公开"监管等方面，全面推进山东省政务公开工作向纵深发展。

（二）公众参与扩大，政府决策更加透明

2019 年，省委、省政府下发了"开门决策十条"，部分市政府和省直部门、单位紧随其后，也制定了相关落实措施。另外，山东省各级各部门进一步推广省级基层政务公开标准化规范化试点工作，形成"政府开放日""便民地图""24 小时信息查阅点"等经验做法，同时，也积极探索公众参与新模式，运用电视台、广播电台、报刊等传统媒体和微博、微信、App 客户端等新媒体，与公众实时互动交流。

评估结果也显示，省直部门、单位决策公开平均得分指数为 89.14%，16 家市政府决策公开平均得分指数为 88.55%，各县（市、区）政府决策公开平均得分指数为 90.71%。这说明，各级各部门特别是基层政府，年内不断扩大公众参与，政府决策更加透明。

（三）重点领域延伸，公开内容日趋精细

如表 2-2 所示，自 2014 年开始，山东省政府办公厅每年都会发布当年的政务（政府信息）公开工作要点，逐年扩大公开范围，不断细化公开内容。特别是在重点领域，每年都会根据党中央、国务院关于政务公开工作的系列部署，结合山东省年度重点工作推进情况，着重部署涉及公众切身利益、影响市场预期的重点领域信息公开工作。2019 年更是对四大类 23 个重点领域的信息公开工作作出专门部署，并突出强调了"差别化"。笔者认为，"差别化"包含两层含义：一是地域差别化，每个地区都有自身的地域特征和地区实际，政务公开工作的推进需要彰显地区特色；二是领域差别化，每个领域都具有明显的行业特色，所有领域不可能用同一套公开标准，需要根据业务特征和行业特点，分别做好各领域的公开工作。

评估结果显示，省直部门、单位专项指标平均得分指数为 94.63%，16 家市政府和县（市、区）政府"重点领域信息公开"指标平均得分指数分别为 95.74%、88.69%，较上年略有提升，均高于 85%。各级各部门年内全力做好就业、教育、医疗、征地等社会高度关注、涉及群众切身利益领域的信息公开工作，同时，进一步巩固省级基层政务公开标准化规范化试点成果，继续深化重点领域信息公开标准化规范化建设。

表 2-2　山东省年度工作要点部署的重点领域情况

序号	年份	工作要点部署的重点领域
1	2014	权力运行信息（行政审批、行政处罚、其他行政权力运行）、财政资金（省政府及其部门预决算和"三公"经费、财政预算执行和其他财政收支审计）、公共资源配置（征地拆迁、土地使用权出让、产权交易、政府采购、保障性住房分配等）、公共服务（高校招生信息和财务、科技管

序号	年份	工作要点部署的重点领域
		理和项目经费、医疗卫生领域、就业信息、社会保障）、公共监管（环境保护、安全生产事故、国有企业财务相关信息、食品药品安全、信用信息）
2	2015	行政权力，财政资金，公共资源配置（城镇保障性安居工程，土地供应计划、出让公告、成交公示和供应结果公开，国有土地上房屋征收决定、补助奖励政策和标准、初步评估结果、补偿方案、补偿标准、补偿结果等公开），重大建设项目，公共服务（社会保险、社会救助、教育、医疗卫生），国有企业，环境保护，食品药品安全，社会组织、中介机构
3	2016	权力清单和责任清单，市场监管，经济社会政策，市场准入负面清单，政府投资的重大建设项目，公共资源配置，减税降费，国有企业运营监管，扶贫工作，社会救助，就业创业，棚户区改造、农村危房改造和保障性住房，环境保护，教育、卫生和食品药品安全，财政预决算
4	2017	财政政策、金融政策和就业创业政策，统计信息，审计信息，减税、降费、降低要素成本，重大建设项目，公共资源配置，政府和社会资本合作（PPP）项目，"放管服"改革，国资国企，新旧动能转换工作，农业供给侧结构性改革，财税体制改革，新旧动能转换工作，化解过剩产能工作，消费升级和产品质量提升工作，扶贫脱贫和社会救助，环境保护，教育卫生，食品药品安全，金融风险防范，房地产市场，生产安全事故
5	2018	财政预决算、重大建设项目批准和实施、公共资源配置（住房保障、国有土地使用权出让、矿业权出让、政府采购、国有产权交易、工程建设项目招标投标等），社会公益事业建设（精准扶贫、精准脱贫、社会救助托底保障、食品安全、重大环境污染和生态破坏事件调查处理），民生领域（社会救助、教育、医疗卫生、环境保护、食品药品、住房保障、国资国企和安全生产监管）
6	2019	助推山东高质量发展（新旧动能转化重大工程，乡村振兴、海洋强省、"三大攻坚战"），优化营商环境（优化涉企服务，权责清单、政府规章、规范性文件清理，"双随机、一公开"监管，社会信用体系建设），社会监督重点领域（重要部署执行公开、建议提案办理结果、重大建设项目和公共资源配置、财政信息、行政执法、国资国企），社会公益事业建设（社会救助和社会福利、社会保险，就业创业，教育和医疗健康，征地信息，公共文化体育，灾害事故救援，公共企事业单位）

（四）申请渠道畅通，依法行政不断推进

各单位不断强化依法行政意识，建立健全依申请公开的受理、办理、答复、审核、反馈等各环节程序，依法依规答复。评估结果显示，信函渠道总体畅通率为100%，按时答复率为84.38%；在线渠道总体畅通率为98.41%，按时答复率为94.62%。

（五）解读形式丰富，解读实效持续增强

政策特别是民生政策惠及的是广大群众，要让好的政策落地实施，就要做好政策解读工作，让群众看得见、听得懂、信得过、能监督。政策解读就要用人民群众喜闻乐见、易于接受的语言形式，让政策执行更有温度。本次评估发现，省直各部门、单位，16家市政府和各县（市、区）政府均在政府网站设置了政策解读专栏，及时发布解读材料。各级各部门积极运用电视问政、网络问政、媒体专访、座谈访谈、撰写文章、简明问答、政策进社区等多种方式，采用图片图表、音频视频、卡通动漫等丰富的表现形式，立体式、全方位精准解读政策，解读形式更加多样化。例如：济南市济阳区建立了"惠民政策一点通"栏目，梳理并解读了残疾人、工业、公安、环保、惠农、教育等15个领域的民生相关政策，让民生政策更有温度；青岛市城阳区打破以往报纸、电视、传单等传统宣传方式，创新运用"订单式"政策解读，积极拓展新媒体渠道，精心制作了打击非法行医、医疗美容知识、学校卫生知识和医疗机构依法执业等微视频，利用动漫内容活泼、色彩鲜明、生动形象的特点，将政策知识以群众喜闻乐见的形式呈现出来。

（六）保障机制健全，平台建设有序统一

评估结果显示，97.44%的省直部门、单位，16家市政府和88.32%的县（市、区）政府均及时调整了政务公开领导小组并公开了相关文件。48.72%的省直部门、单位，16家市政府和73.72%的县（市、区）政府年内编制完成了主动公开基本目录，及时公开并实施动态调整更新。平台建设方面，各级政府积极推动政府网站集约化建设，统一各县（市、区）政府信息公开目录，并不断拓展政务微博、微信、政务App、政务头条号、抖音等政务新媒体平台，呈现传统平台与政务新媒体融合发展的良好形势。

二 存在的主要问题

（一）政府信息公开目录指标化现象仍然存在

政府信息公开目录应根据新修订的《条例》和年度政务公开工作要点进行设置和动态更新，不应机械照搬评估指标，导致政府信息公开目录指标化。部分评估对象不同程度地出现为迎评而公开的"应试"倾向、"突击式"发布信息等现象，有的为取得好的评估结果，提前做好各种准备，甚至为应付评估而做很多表面文章，其结果看上去很好，但与第三方评估的初衷是相悖的。例如，个别基层政府直接设置了"2019年政务公开考核专栏"，所有栏目设置完全按照评估指标体系，甚至将"平台功能建设""政策文件与解读材料关联性"等不适合作为目录的功能性评估指标也作为目录。

（二）执行过程和结果信息整合力度不足

重要部署执行公开方面，《意见》明确要求："主动公开重点改革任务、重要政策、重大工程项目的执行措施、实施步骤、责任分工、监督方式，根据工作进展公布取得成效、后续举措，听取公众意见建议，加强和改进工作，确保执行到位。"评估发现，部分基层政府只是将各个部门发布的本部门承担政府工作报告事项或民生事项简单机械地进行了汇总，并未进行有效整合；有的只是以年底总结形式通报了进展情况，而未根据信息的时效性按季度或月度定期进行公开；各级政府普遍只是单向公开了相关重要部署的执行情况，却未明确听取公众意见建议的渠道，也未发布相关改进工作情况。

政策执行情况评估方面，《重大行政决策程序暂行条例》第 36 条规定："有下列情形之一的，决策机关可以组织决策后评估，并确定承担评估具体工作的单位：（一）重大行政决策实施后明显未达到预期效果；（二）公民、法人或者其他组织提出较多意见；（三）决策机关认为有必要。开展决策后评估，可以委托专业机构、社会组织等第三方进行，决策作出前承担主要论证评估工作的单位除外。"评估发现，有的评估对象只是笼统地将近几年的相关政策作了相关评述，未明确评估主体，且未对列入重大行政决策事项目录的事项开展后评估；有的政策发布日期为 2019 年 12 月，而政策后评估日期同样也为 2019 年 12 月，从时效上失去了后评估的意义。

（三）部分重点领域信息公开深度不足

部分重点领域信息公开不够精准。例如，在重大建设项目批准和实施领域，多数评估对象均明确了本地区重大建设项目范围，并按项目进行了分类专栏公开，但普遍缺少重大建设项目进展状态标识，仅通过专栏信息公众无法准确了解该项目的进展阶段；在义务教育领域，招生结束后，部分县（市、区）政府教育部门仅公开了年度招生的总人数，公开内容过于笼统，未按照学校分类公开各个学校的招生情况。

部分重点领域信息分类不够细化。例如，社会救助领域部分评估对象将城乡低保、特困人员救助供养、医疗救助、临时救助等所有类型救助的相关政策、救助指南、救助人次数、资金支出情况等信息全部堆放在一个目录下，未分级分类，极不方便检索。

部分重点领域信息发布不够及时。仍然存在"突击式"发布信息的情况，如某县（市、区）政府将多个月份的空气环境质量、水环境质量信息均于同一时间公开。部分需要定期公布的内容，采用总结式公开，如社会保险的参保人数、待遇支付、基金收支情况和区域内医疗机构数量、布局以及床位、大型设备等资源配置情况，部分县（市、区）政府仅公开了 1～9 月或 1～11 月的相关情况，而未定期进行公示。

（四）依申请公开规范性仍有待提升

评估发现，15.62% 的评估对象未能在规定时限内答复通过信函渠道提出的申请，5.38% 的评估对象未能在规定时限内答复通过在线渠道提出的申请。部分评估对象所出具的政府信息公开告知书中仍然存在文字错误、法律依据错误、救济渠道缺失或不完整等问题。

（五）解读材料形式和内容有待进一步规范

解读形式方面，部分单位仍流于形式。政策图解实际上是通过对政策的理解和掌握，用图形语言展示政策文件所要表达或传递的信息内容。评估发现，部分评估对象仅在文字解读材料中增加了图片背景，放置到政策图解目录下，但并非真正意义上的图解。

解读内容方面，部分评估对象发布的解读材料未能全面涵盖政策的背景依据、目标任务、主要内容、涉及范围、执行标准、注意事项、关键词解释、惠民利民举措、新旧政策差异等。例如，某县（市、区）政府发布的解读材料仅是对公文流转方面的说明；个别评估对象发布的解读材料还是文件内容的简单转述，未达到政策解读的目的。

（六）保障机制建设需引起高度重视

政务公开工作是否能够达到预期效果，有赖于保障监督工作。本次对"政务公开保障机制的评估"包括平台建设、基础建设和组织管理。评估发现，部分评估对象政府网站中的政策文件或办事指南以

PDF 格式的扫描图片形式公开，既不能提取相关文字，也无法实现复制；69.23% 的省直部门、单位，25.00% 的市政府和 63.50% 的县（市、区）政府未能根据新修订的《条例》和机构改革情况及时调整更新并公开本行政机关的公开指南；部分机关的年度报告主动公开政府信息情况、存在的问题、改进措施等方面出现与近三年年度报告雷同的情况；51.28% 的省直部门、单位和 26.28% 的县（市、区）政府未制定发布本部门或本级政府主动公开基本目录，还有部分基层政府仅将指标作为主动公开基本目录，而未真正梳理本级政府的所有公开事项。

第三章　各指标评估结果分析

第一节　行政权力运行公开

各级各部门年内积极推进行政权力运行公开，坚持以公开为常态、不公开为例外，全面推进决策、执行、管理、服务、结果"五公开"，着力推动行政权力全过程公开、公共服务全流程公开、社会关切全方位回应。本次评估"行政权力运行公开"指标包括决策公开、管理和服务公开、执行和结果公开3项二级指标。

一　决策公开

（一）主要工作成效

1. 多数市县重大行政决策事项目录和标准能够及时发布

明确公众参与范围、规范公众参与方式是科学合理规范重大决策预公开的重要前提。《重大行政决策程序暂行条例》要求，"结合职责权限和本地实际，确定决策事项目录、标准，经同级党委同意后向社会公布，并根据实际情况调整"。评估结果显示，93.75%的市政府和83.94%的县（市、区）政府在门户网站发布了本级政府2019年重大行政决策事项目录和标准，详细规定了决策事项名称、决策依据、决策程序、实施计划和承办单位等。

2. 意见征集统一平台建设和应用情况较好

在政府网站设立统一平台集中发布决策草案，能够有效避免草案的多头发布现象，同时也更方便公众看到草案内容，从而提出意见和建议。评估结果显示，39家省直部门、单位，16家市政府和135家县级政府设置了专门用于重大决策预公开草案意见征求的目录或栏目。从设置形式看，一般是在政府信息公开目录下设置"预公开"目录，或是在政民互动栏目下设置"民意征集""意见征集""征集调查""网上征集"等栏目，部分还能在栏目中明确标注征集状态。创新案例如图3-1所示。

创新案例1：重大行政决策全过程公开

东营市政府门户网站政府信息公开目录中的"决策公开"目录完整地将重大行政决策的事项目录、公众参与、专家论证/风险评估、决策执行情况和决策执行效果评估等全过程信息进行了全方位公开，政府决策更加透明。

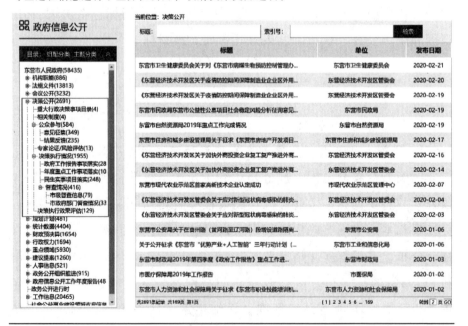

图3-1 重大行政决策全过程公开创新案例

3. 征集意见收集、采纳情况能够及时反馈

公众提出的意见建议如果缺乏反馈，公众不知道自己提出的意见是否最终被采纳，就会感觉是在"自说自话"，从而降低公众参与的积极性。评估结果显示，71.79% 的省直部门、单位，16 家市政府和75.91% 的县（市、区）政府公开了完整的意见反馈信息，包括征集意见的总体情况、采纳情况和不予采纳的理由。

4. 邀请利益相关方等列席政府有关会议逐步常态化

评估结果显示，82.05% 的省直部门、单位能够常态化地公开部门办公会议议题，16 家市政府和95.62% 的县（市、区）政府公开了政府常务会议和政府全体会议议题。10.26% 的省直部门、单位和68.75% 的市政府年内4 次以上邀请了利益相关方、公众代表、专家、媒体等列席政府有关会议，35.90% 的省直部门、单位和93.75% 的市政府年内2 次以上邀请了利益相关方、公众代表、专家、媒体等列席政府有关会议。95.62% 的县（市、区）政府也在门户网站发布了邀请利益相关方、公众代表、专家、媒体等列席政府常务会相关情况。

5. 政府有关会议议定事项解读实效初现

评估结果显示，51.28% 的省直部门、单位，16 家市政府和96.35% 的县（市、区）政府能够发布部门办公会和政府常务会的新闻通稿，详细公开会议议定事项和相关事项的简介情况。另外，2.56% 的省直部门、单位，56.25% 的市政府和36.50% 的县（市、区）政府还能够针对每次部门办公会和政府常务会，发布会议图解，生动形象、通俗易懂。创新案例如图3-2所示。

创新案例 2：政府会议公开专栏和解读

第一，省审计厅在部门网站政府信息公开目录下设置了"部门办公会"目录，集中发布厅长办公会信息，部分厅长办公会还配置了会议图解，办公会议题和议定事项一目了然。

第二，潍坊市制定了政策例行吹风会工作流程，对市政府常务会议审议通过的重要政策进行权威发布和解读，引导企业和群众更好地精准把握政策内容。

第三，威海市环翠区政府在门户网站建立了"环翠区政府常务会议"专栏，集中发布政府常务会的"会议内容""提纲速读""解读评论""视频报道"等内容，并提供了历史政府常务会内容回顾。

图 3 - 2　政府会议公开专栏和解读创新案例

6. 政策文件栏目建设完善且分类明确

评估发现，39 家省直部门、单位，16 家市政府和 137 家县（市、区）政府均在政府网站建立了政策文件专栏或目录，及时发布法律规章、规范性文件等政策文件信息。92.31% 的省直部门、单位，81.25% 的市政府和 91.97% 的县（市、区）政府能够提供多种形式的分类或高级查询。

规范性文件方面，省司法厅、16 家市政府和 91.24% 的县（市、区）政府均能够及时发布本级规范性文件备案目录。省司法厅、93.75% 的市政府和 90.51% 的县（市、区）政府能够在 2019 年 6 月底之前公布本地区规范性文件制发主体清单。97.22%的省直部门、单位，93.75%的市政府和98.54%的县（市、区）政府在政府网站公开了近三年规范性文件清理结果，92.31%的省直部门、单位，75.00%的市政府和94.16%的县（市、区）政府在已发布的文件上明确标注了所有规范性文件的有效性或效力起止时间。

（二）存在的问题

1. **重大行政决策事项目录和标准规范性有待提升**

评估发现，部分评估对象发布的重大行政决策事项目录实为重大决策事项的范围；部分评估对象对重大行政决策目录概念不清，如某县（市、区）政府将报告事项作为重大行政决策事项目录；部分评估对象公开的事项目录仅有事项名称，无具体参与程序、承办部门等内容；部分县（市、区）政府发布的重大行政决策事项目录中已经明确了各事项的发文文号和具体发布日期，具有较为明显的"突击发布应付评估"倾向。

2. **重大决策预公开参与主体有待扩展**

重大决策预公开在决策前应向社会公布决策草案、决策依据，通过适当方式广泛听取公众意见。评估发现，部分评估对象在重大行政决策事项目录中明确了所有事项都需要公众参与的程序，但实际上仅是通过召开专家座谈会或向特定主管部门、行业专家发布征求意见函等方式征求意见，而未面向社会公众征求意见，对于重大决策预公开的参与主体不够明确。

3. **个别评估对象征集意见未反馈或反馈内容不详细**

评估发现，28.21%的省直部门、单位和24.09%的县（市、区）政府存在部分重大决策草案征集意见结束后未及时反馈意见收集采纳情况的现象。还有部分评估对象仅反馈收到了"相关意见和建议"，未明确具体收集意见数量、采纳数量和未予采纳的理由等信息。

4. 政府有关会议议定事项解读有待强化

评估发现，大多数评估对象仅公开了部门办公会或政府常务会的新闻通稿，与会议相关联的议定事项未全面解读，个别评估对象甚至仅公开了议题名称，对于会议图解、媒体解读、议题解读等内容公开力度普遍不足。

二 管理和服务公开

（一）主要工作成效

1. 一体化权责清单全面公开

2019年，山东在全国率先打造机构改革后首份一体化权责清单，通过一份权责清单，串起"三定"规定、事项名称、权限责任等诸多要素。评估结果显示，34家有行政权力事项的省直部门、单位，16家市政府和137家县（市、区）政府均利用权力清单公示平台、山东政务服务网等平台集中公开了本部门或本级政府部门的权责清单，并在政府网站提供了相关链接。省直各部门、单位，16家市政府和各县（市、区）政府均能根据法律法规的"立改废释"情况、机构和职能调整情况等，及时调整清单并公开。

2. 随机抽查事项清单能够及时调整并公开

评估结果显示，86.67%有随机抽查事项的省直部门、单位，16家市政府和86.86%的县（市、区）政府在政府网站发布了最新的本部门、本级政府部门的随机抽查事项清单。86.67%有随机抽查事项的省直部门、单位，81.25%的市政府和86.86%的县（市、区）政府发布的随机抽查事项清单中，抽查依据、对象、内容、方式、比例和频次等清单要素完整详细。73.33%有随机抽查事项的省直部门、单位，81.25%的市政府和78.83%的县（市、区）政府均不同程度地公开了随机抽查事项清单中所列出抽查事项的抽查情况，并按相关规定公开抽查中发现违法违规行为的查处结果信息。创新案例如图 3-3 所示。

创新案例 3："双随机、一公开"专栏建设

聊城市政府门户网站建立了"双随机、一公开"专栏，集中整合了市发展改革委、市教育体育局、市公安局等 15 个市级部门最新的随机抽查事项清单，并分类发布了各市级部门的随机抽查计划、抽查对象名录、抽查情况及查处结果和抽查人员名录信息。

图 3-3　"双随机、一公开"专栏建设创新案例

3. 信用体系建设稳步推进

评估发现，绝大多数有行政许可或行政处罚权力的省直部门、单位，16 家市政府和各县（市、区）政府均在政府网站设立了

"双公示"专栏或与本地信用网站"双公示"专栏链接，并能够在行政许可或行政处罚作出决定之日起 7 个工作日内公示（部门规章另有规定的从其规定）行政许可和行政处罚结果。各评估对象均能够按照有关要求，积极通过政府网站、本地信用网站向社会公众发布红黑名单。

4. 收费目录清单公开较好

党中央、国务院高度重视清理规范涉企收费、减轻企业负担相关工作，建立和实施收费目录清单制度，将依法合规设立的收费项目全部纳入清单并主动公布，有助于从源头上防止各类乱收费、乱摊派等违规收费行为。评估发现，省财政厅、16 家市政府和 99.27% 的县（市、区）政府能够发布各级行政事业性收费目录，省发展改革委、16 家市政府和 97.81% 的县（市、区）政府能够发布政府定价或指导价经营服务性收费清单，省财政厅、16 家市政府和 99.27% 的县（市、区）政府能够发布各级政府性基金目录，同时各单位还能够实行目录清单动态管理，做好信息更新工作。

5. 优化服务助力营商环境建设效果显著

做好证明事项清理工作是贯彻落实党中央、国务院关于减证便民、优化服务部署要求的重要举措。评估结果显示，省司法厅、16 家市政府和 94.16% 的县（市、区）政府年内能够完成对确需保留的证明事项的清单管理，并向社会公开了确需保留的证明事项清单。省直各有关部门、单位，16 家市政府和各县（市、区）政府均能够在政府网站或山东政务服务网公开本部门或本级政府部门的政务服务事项目录和办事指南。经抽查，大多数办事指南全面包括了事项名称、设定依据、申请条件、办理材料、办理地点、办理机构、收费标准、办理时间、联系电话、办理流程等基本要素。

（二）存在的问题

1. 随机抽查结果公开标准不一

评估发现，部分评估对象仅公开了年内总的抽查次数，而未按照随机抽查事项清单中的事项详细列明；部分评估对象仅公开了抽查的统计信息，而未公开详细的抽查情况；随机抽查情况和查处结果公开方式不够明确，经随机抽查发现问题后作出的查处结果公开方式不一，有的以通报形式发布，有的发布在行政处罚结果信息中，且抽查情况和查处结果未进行关联。

2. 部分办事指南内容不准确或不全面

评估发现，部分办事指南公布的依旧是机构改革前的相关机构名称，未及时更新；部分办事指南设定依据的相关法律法规已经废止或失效；部分办事指南中缺少办理时间、办理流程图等要素。

三　执行和结果公开

（一）主要工作成效

1. 政府工作报告、民生实事进展情况公开较好

评估结果显示，省直各部门、单位，16家市政府和137家县（市、区）政府均能在一定程度上公开政府工作报告、年度重点工作和民生实事项目的相关执行措施、实施步骤、责任分工、监督方式，并且普遍能够根据工作推进情况及时公开工作进展、取得成效、后续举措等。部分评估对象还建立了相关专栏集中发布本部门承担的或本级政府的民生实事项目、政府工作报告事项进展情况。创新案例如图3-4所示。

创新案例4：执行和结果公开专栏建设

东营市河口区政府在门户网站建立了"2019年政府工作报告确定事项进展情况"和"2019年民生实事进展情况"专栏，集中发布政府工作报告和民生实事项目各事项进展情况。

图 3 - 4 执行和结果公开专栏建设创新案例

2. 审计结果公开情况有较大改善

审计结果向社会公开，能够有效扩大社会对审计结果的知情权，便于社会和舆论直接参与监督。评估结果显示，省审计厅、16 家市政府和 96.35% 的县（市、区）政府公开了上年度本级预算执行和其他财政收支情况的审计工作报告。92.31% 的省直部门、单位，16 家市政府和 91.97% 的县（市、区）政府及时公开了督查和审计发现问题及整改落实情况。

3. 部分评估对象能够及时开展决策执行效果评估

《要点》明确要求："在重大行政决策执行过程中，要跟踪决策的实施情况，了解利益相关方和社会公众对决策实施的意见和建议，积极开展决策执行效果的评估，及时调整完善，并将相关情况向社会公开。"评估结果显示，41.03%的省直部门、单位，75.00%的市政府和42.34%的县（市、区）政府能够在重大行政决策执行过程中，跟踪决策的实施情况，并积极开展决策执行效果的评估。

4. 建议提案办理结果均以专栏形式公开

评估发现，39家省直部门、单位，16家市政府和137家县（市、区）政府均设置了建议提案专栏，对建议提案办理结果情况进行集中发布。74.36%的省直部门、单位，81.25%的市政府和90.51%的县（市、区）政府发布了本年度建议提案办理总体情况，包括一年来收到的建议提案、吸收采纳的建议意见、开展相关工作等的总结，内容具体详尽。

（二）存在的问题

1. 部分重要部署执行公开信息缺乏梳理

评估发现，部分基层政府只是将各个部门发布的本部门承担政府工作报告事项或民生事项简单机械地进行了汇总，并未有效进行整合；有的只是以年底总结形式对进展情况进行了通报，而未根据信息的时效性按季度或月度定期进行公开；各级政府普遍只是单向公开了相关重要部署的执行情况，却未明确听取公众意见建议的渠道，也未发布相关改进工作情况。

2. 执行情况评估有待进一步规范

评估发现，有的评估对象只是笼统地将近几年的相关政策作了相关评述，未明确评估主体，且未对列入重大行政决策事项目录的事项开展后评估；有的政策发布日期为2019年12月，而政策后评估日期同样也为 2019 年 12 月，从时效上失去了后评估的意义。创新案例如图 3－5 所示。

创新案例 5：建议提案办理结果公开

青岛市政府在门户网站建立了"建议提案办理结果公开"专栏，关联性公开了所有建议提案的详细信息和办理结果信息，并提供了按不同属性和关键字的筛选和查询服务。

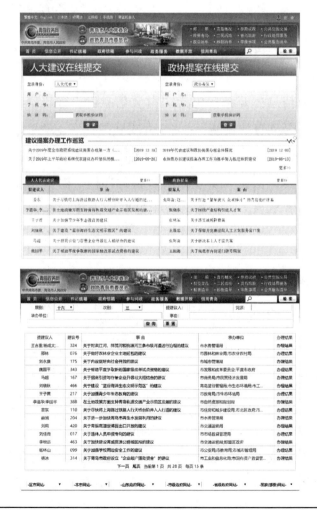

图 3－5 建议提案办理结果公开创新案例

3. 部分建议提案办理结果查询不便

评估发现，43.59%的省直部门、单位，25%的市政府和32.85%的县（市、区）政府所公开的建议提案办理复文的标题仅由建议提案编号组成，标题中并未体现信息的概要内容，不便于定位到具体的信息，如果在此基础上提取建议提案的简要内容或主题加入信息标题会更明确。

第二节　重点领域信息公开

重点领域信息公开指标包括"财政信息""行政执法公示""重大建设项目和公共资源配置""'三大攻坚战'信息""社会公益事业建设领域""公共监管信息"6项二级指标。其中，对省直部门、单位的评估，主要是依据《要点》和省直各部门、单位制发的年度政务公开工作实施方案或工作措施，分别设置了专项指标，有针对性地开展评估工作。

一　财政信息

（一）主要工作成效

1. 各级政府均建立了预决算统一公开平台或专栏

评估发现，省财政厅在部门网站建立了财政预决算公开平台，省直各部门、单位均发布了2018年财政决算和2019年财政预算。16家市政府和137家县（市、区）政府均在门户网站设立了财政预决算信息公开统一平台或专栏，统一发布本级政府和部门2018年财政决算和2019年财政预算以及"三公"经费预决算信息。各评估对象普遍详细公开了预决算说明、预决算表格等信息，且预决算全部细化到支出功能分类的项级科目、专项转移支付预决算细化到具体项目、财政拨款安排的基本支出预决算细化到经济分类的款级科目。同时，绝大多数评估对象还能够主动公开"三公"经费增减原因说明、因公出国（境）费、公务用车运行费、公务接待费等有关情况。

2. 财政收支信息基本能够按月公开

评估发现，省财政厅、16 家市政府和 72.99% 的县（市、区）政府能够按月发布财政收支信息，解读财政收支增减变化情况并说明原因，部分评估对象还能够进一步对财政收入走势进行预判。

3. 逐步探索地方政府债务领域信息公开

2018 年底，财政部印发了《地方政府债务信息公开办法（试行）》，要求预决算公开范围的地方政府债务限额、余额、使用安排及还本付息等信息应当在地方政府及财政部门政府网站公开。评估发现，省财政厅、16 家市政府和大多数县（市、区）政府加强了对债务领域信息的公开，能够不同程度地发布政府债务限额和余额信息，同时按要求公开本级政府债务的规模、种类、利率、期限、还本付息、用途等内容。

（二）存在的问题

1. 部分财政预决算信息查询不便

部分县（市、区）政府虽然设立了本级政府和部门以及乡镇街道的财政预决算信息公开平台，但仅将各部门、各乡镇街道的财政预决算信息简单堆放在目录下，未提供专门的相关信息检索功能；部分设置了简单的检索功能，但由于标题名称不规范、不统一，检索结果准确性受到极大影响。

2. 月度财政收支信息仍有不完整现象

评估结果显示，27.01% 的县（市、区）政府未能做到按月发布收支信息，存在部分月份财政收支信息缺失的情况；部分评估对象缺少对财政收入走势的预判信息。

3. 债务领域信息公开有待规范

评估发现，各评估对象按照《地方政府债务信息公开办法（试行）》的要求逐步公开政府债务信息，但公开形式和模板各异，需进一步加以规范；债务限额、余额的公开情况较好，债务率、偿债率以及经济财政状况、债券发行、存续期管理等信息有待进一步完善和规范。

二　行政执法公示

（一）主要工作成效

1. 多数建立了行政执法公示统一平台或目录

评估发现，省直各有关部门、单位，16 家市政府和各县（市、区）政府均在政府网站建立了统一平台或目录，集中发布执法公示信息。部分评估对象充分利用已有的政务服务网、信用网站等平台，整合相关内容，提供精准的链接。

2. 行政执法服务指南内容较为全面

评估发现，多数评估对象能够通过统一平台或目录集中向社会依法公开本机关的行政执法职责、执法依据、执法程序、监督途径等信息，编制并公开本机关的服务指南、执法流程图，全面明确了本机关所有执法事项名称、受理机构、审批机构、受理条件、办理时限等内容。

3. 行政执法结果公开透明

多数评估对象能在政府网站或政务服务网链接等平台集中向社会公布本机关的执法机关、执法对象、执法类别、执法结论等信息。创新案例如图 3 - 6 所示。

创新案例6：行政执法公示专栏建设

济南市政府在门户网站建立了"济南推行行政执法三项制度工作专栏"，整合了所有市直部门、单位的行政执法权力清单、市级行政执法主体清单、行政执法人员查询、行政执法全过程记录典型案例和行政执法公示信息。

图3-6　行政执法公示专栏建设创新案例

（二）存在的问题

1. 行政执法公示范围界定不清

部分行政机关对行政执法公示的范围界定不清，所公开内容仅包括了本机关的行政许可和行政处罚事项，未涵盖其他执法事项；部分行政机关对行政执法公示与"双随机、一公开"监管、信用"双公示"、政务服务事项目录和结果公开等界定不清晰。

2. 部分服务指南缺少相关要素

评估发现，部分服务指南中缺少执法流程图，部分服务指南中的办理时限不明确。

3. 执法结果公开不够全面

部分政府网站执法结果仅链接至本地区信用网站，而信用网站内仅是行政许可和行政处罚的结果；部分政府网站在目录中设置了执法结果相关内容，但发布的信息既有相关新闻动态，也有执法事项目录和部分执法结果，内容发布极不规范。

三 重大建设项目和公共资源配置

（一）主要工作成效

1. 多数能够明确重大建设项目范围

评估结果显示，省直有关部门、单位，87.50% 的市政府和87.59% 的县（市、区）政府能够根据本区域特点和工作侧重点，明确本地区重大建设项目范围或发布重大建设项目清单。

2. 多数能够设置专栏按项目公开

明确本地区重大建设项目范围或发布清单的评估对象均能够建立相关专栏，按照要求公开重大建设项目的批准结果信息、招标投标信息、征收土地信息、重大设计变更信息、施工有关信息、质量安全监督信息、竣工有关信息等。

3. 保障性住房信息公开情况较好

评估结果显示，省住房城乡建设厅全面公开了 2019 年度全省城镇棚改建设情况、住房保障计划完成情况，并及时更新棚户区改造相关政策措施执行情况信息。16 家市政府和 97.81% 的县级政府能够及时公开城镇保障性安居工程规划建设方案和计划等信息，并及时公开本地区保障性住房分配政策、分配对象、分配房源、分配程序、分配过程、分配结果等信息。

4. 住房公积金年度报告均能及时发布

评估发现，省住房城乡建设厅及时在政府网站公开全省住房公积金年报、季报，实时发布解读住房公积金监督管理、政策调整以及服务举措等信息。16 家市政府也均按照要求及时发布住房公积金年度报告，并及时发布公积金缴存、提取、贷款、财务以及风险状况等公积金管理运行信息。

5. 充分利用相关平台公开交易信息

16 家市政府公共资源交易网站均公开了本地区工程建设、政府采购、产权交易、土地出让、矿业交易等领域信息。评估结果显示，16 家市政府和各县（市、区）政府多采用链接形式在本地区公共资源交易中心（网）和"山东省征地信息公开查询系统"相关栏目予以公开，及时公开了本地区公共资源交易公告、资格审查结果、交易过程信息、成交信息、履约信息以及有关变更信息。

（二）存在的问题

1. 仍有少数基层政府未明确重大建设项目范围

评估发现，仍有少数基层政府仅将所有与重大建设项目实施有关的信息分为招标投标信息、征收土地信息、重大设计变更信息、施工有关信息、质量安全监督信息、竣工有关信息等六大类，简单地堆砌信息。

2. 重大建设项目缺少进展状态标识

评估发现，多数评估对象均明确了本地区重大建设项目范围，并按照项目进行了分类专栏公开，但重大建设项目普遍缺少进展状态标识，仅通过专栏的信息公众无法准确了解该项目的进展情况。

3. 交易信息多平台发布现象仍然存在

评估发现，部分县（市、区）政府在本地区公共资源交易网通过链接发布信息的同时，还在门户网站进一步整合了相关信息集中发布，但所整合的信息与公共资源交易网所发布的信息在数量和内容上出现了不同程度的不一致现象，影响了信息公开的实效性。

四 "三大攻坚战"信息

（一）主要工作成效

1. 脱贫攻坚信息公开整体情况较好

评估发现，16 家市政府和 137 家县（市、区）政府均设立了"脱贫攻坚"或"扶贫脱困"信息公开专栏，集中发布扶贫领域相关信息。16 家市政府和 90.51% 的县（市、区）政府能够较为全面地整合公开专项扶贫、行业扶贫、社会扶贫等相关政策措施、专项规划及其解读材料，及时发布本地区年度扶贫资金项目计划安排、实施和完成情况。

2. 空气质量和饮水安全状况普遍能够定期公开

省生态环境厅在部门网站建立了山东省城市环境空气质量发布、省控及以上企业环境监测信息发布、16 个城市大气环境质量月排名、重点行业环境整治信息公开等专题专栏，公开了重点区域及主要城市空气质量、水源水质监测和污染源环境信息。

空气质量状况方面，省生态环境厅、16 家市政府和 83.94% 的县（市、区）政府能够按月发布本地区环境空气质量信息。

饮水安全状况方面，省生态环境厅、16 家市政府和 79.56% 的县（市、区）政府能够按季度向社会公开饮用水水源水质信息；省住房城乡建设厅、16 家市政府和 78.83% 的县（市、区）政府能够按季度向社会公开供水厂出水安全信息；省卫生健康委、16 家市政府和 76.64% 的县（市、区）政府能够按季度向社会公开用户水龙头水质信息。

3. 环评信息公开较为全面

评估结果显示，省生态环境厅、16 家市政府和各县（市、区）政府能够及时公开环境影响评价文件受理情况、拟作出的审批意见、作出的审批决定等建设项目环境影响评价审批信息以及竣工环境保护验收申请受理情况、拟作出的验收意见、作出的验收决定等建设项目竣工环境保护验收信息。创新案例如图3-7所示。

创新案例7：污染防治信息公开专栏

　　临沂市政府在门户网站建立了"污染防治信息公开专栏"，采用图文并茂的形式，发布了本市空气质量状况、饮水安全状况、主要河流水质情况、重污染天气应急、企事业单位环境信息、环境执法检查、建设项目环境影响评价、机动车污染防治、固体废弃物与土壤污染相关信息，并集中发布了环境相关标准和图说污染防治信息，生动形象。

图3-7　污染防治信息公开专栏创新案例

4. 重点排污单位环境信息公开良好

　　山东省生态环境厅、68.75%的市政府和76.64%的县（市、区）政府于2019年3月底前公开行政区域内重点排污单位名录，并督促重点排污企业集中公开主要污染物名称、排放方式、排放浓度和总量、超标排放情况等环境信息。

5. 防范化解重大风险信息能够动态公开

评估结果显示，省直各有关部门、单位，各市政府和各县（市、区）政府能够及时公开继续创新和完善宏观调控、缓解企业融资难融资贵问题、加快推进金融改革开放、稳妥处理地方政府债务风险等相关政策措施及解读信息，并动态公开金融风险防控、安全生产风险防控、扫黑除恶专项斗争、城乡社区治理和服务、应急管理体制机制建设、自然灾害防治等领域工作情况。

（二）存在的问题

1. 空气质量和饮水安全状况存在信息不完整现象

评估发现，部分县（市、区）政府将全年的空气环境质量、饮水安全状况等信息在 2019 年 12 月底以汇总表格的形式公开，部分县（市、区）政府公开的空气质量和饮水安全状况缺少个别月份或季度的相关信息。

2. 部分信息公开时限需进一步规范

按照《企业事业单位环境信息公开办法》规定，应于每年 3 月底前公开本行政区域内重点排污单位名录。评估结果显示，31.25% 的市政府和 23.36% 的县（市、区）政府未在 3 月底前公开本行政区域内重点排污单位名录。

五　社会公益事业建设领域

（一）主要工作成效

1. 社会救助信息公开透明

评估结果显示，省民政厅、16 家市政府和 78.10% 的县（市、区）政府能够及时公开城乡低保、特困人员救助供养、医疗救助、临时救助的救助对象认定、救助标准以及申报指南等信息。省民政厅、16 家市政府和 70.80% 的县（市、区）政府能够按季度或月度公开城乡低保、特困人员救助供养、医疗救助、临时救助的救助人次数、资金支出情况。

2. 社会福利信息公开力度进一步加大

评估结果显示，省民政厅、16 家市政府和 76.64% 的县（市、区）政府能够及时公开老年人福利、残疾人福利、儿童福利等福利补贴对象认定条件、申领范围、补贴标准及申请审批程序等相关政策。省民政厅、16 家市政府和 75.91% 的县（市、区）政府能够按照季度或月度及时公开救助款物的管理使用、福利补贴发放等情况。

3. 社会保险披露及时准确

评估结果显示，省人力资源和社会保障厅、省医保局、16 家市政府和 89.78% 的县（市、区）政府能够及时公开现行有效的社会保险法规、制度、政策、标准、经办流程以及调整社会保险费的政策措施。省人力资源和社会保障厅、省医保局、16 家市政府和 82.48% 的县（市、区）政府基本能够定期公开参保人数、待遇支付、基金收支情况。省医保局、87.50% 的市政府和 78.10% 的县（市、区）政府能够及时发布本区域内医保定点医院、药店及药品、诊疗项目目录等。

4. 就业信息公开完整全面

评估结果显示，省人力资源和社会保障厅、16 家市政府和 89.78% 的县（市、区）政府及时公开了本地区优惠扶持政策的实施范围、各项补贴政策的申领条件和程序、各项补贴的管理和审批情况，并主动发布企事业单位招录、人力资源市场供求、创业培训、职业培训等信息。

5. 教育信息公开逐步规范

评估结果显示，省教育厅及时公开并解读了义务教育、学前教育、特殊教育、职业教育、高等教育等方面的政策措施以及教育相关发展规划，专项经费投入、分配和使用，困难学生资助实施情况。

职业教育和民办教育方面，87.50%的市政府公开了本地区职业教育学校名录、专业设置、骨干专业、特色专业等信息；93.75%的市政府公开本市民办教育管理相关政策文件，并及时发布了本市教育局审批的详细民办学校名单。

学前教育和义务教育方面，78.83%的县（市、区）政府公布了本行政区内幼儿园布局建设规划情况；71.53%的县（市、区）政府向社会公布了本区域内公办幼儿园和认定通过的普惠性民办幼儿园名单；81.75%的县（市、区）政府公布了本行政区域内幼儿园办园评估结果；83.21%的县（市、区）政府完整地公开了本地区义务教育学校名录，包括学校名称、学校地址、办学层次、办学类型、办公电话等信息；91.97%的县（市、区）政府及时公开了本地区义务教育招生方案、招生范围、招生程序、报名条件、学校情况、咨询方式等信息，并在招生工作结束后及时公开了招生结果。

6. 公共卫生医疗透明度不断提升

评估结果显示，省医保局和16家市政府不断探索建立严重违规定点医药机构、医保医师和参保人员"黑名单"制度，普遍建立专栏集中主动曝光已查实的典型欺诈骗保案件信息。省卫生健康委、81.25%的市政府和71.53%的县（市、区）政府能够公布区域内医疗机构数量、布局以及床位、大型设备等资源配置情况。85.40%的县（市、区）政府及时公开了本行政区域内基本公共卫生服务项目承担机构名录。

7. 公共文化体育信息公开凸显民生温度

加快推进文化体育信息公开，满足广大基层群众不断增长的文化体育活动需求，是推进公共文化体育信息公开工作的重要目标。评估发现，省直有关部门、单位，各市政府和各县（市、区）政府均能做好公共文化体育的服务保障政策、服务体系建设、财政资金投入和使用、设施建设和使用等基本信息公开工作。16 家市政府和 75.18% 的县（市、区）政府能够不同程度地公开本地区的文化遗产保护、公共文化体育设施名录、政府购买公共文化体育服务的目录以及绩效评价结果等信息。

8. 灾害事故救援信息公开工作不断加强

评估结果显示，省直有关部门、单位，16 家市政府和 73.72% 的县（市、区）政府能够及时发布自然灾害、重大事故灾难、公共卫生事件等突发事件的应急处置与救援、医疗救护与卫生防疫、次生灾害预警防范等工作情况及动态信息；省直有关部门、单位，16 家市政府和各县（市、区）政府及时发布灾害救助需求信息，救助款物和捐赠款物的数量、使用情况，救助对象及其接受救助款物数额，灾后恢复重建工作进展等信息。

（二）存在的问题

1. 部分领域信息公开标准有待统一

评估发现，各市政府和各县（市、区）政府发布的社会救助领域基本数据标准不尽一致，有的发布相关月度或季度的统计数据，有的发布了带有具体人员信息的发放表，有的仅发布了月度、季度或年度的总数据。在基本数据发布方面，需要建立统一的标准进行公开。

2. 部分领域信息发布不够精确

在义务教育领域，招生结束后，部分县（市、区）政府教育部门仅公开了年度招生的总人数，公开内容过于笼统，未按照学校分类公开各个学校的招生情况。

3. 部分领域信息分类不够细化

评估发现，社会救助、公共文化体育、灾害事故救援、医疗卫生等领域信息公开不规范，部分评估对象将所有类型的信息堆放在一个目录下，未分级分类，极不方便检索。

4. 部分定期公开内容仅以工作总结形式应付公开

评估发现，社会保险的参保人数、待遇支付、基金收支情况和区域内医疗机构数量、布局以及床位、大型设备等资源配置情况，部分县（市、区）政府仅公开了 1 ~ 9 月或 1 ~ 11 月的相关情况，而未定期进行公示。

六、 公共监管信息

（一）主要工作成效

1. 国资国企信息逐步规范披露

省财政厅、省国资委、16 家市政府和 81.02% 的县（市、区）政府能够按要求发布企业主要经济效益指标、主要行业盈利、重大变化事项等情况；并依法依规公开企业经营情况、业绩考核结果，国有资产保值增值情况、企业改革重组结果，企业负责人重大变动、年度薪酬，以及企业履行社会责任重点工作情况。另外，各评估对象还能够及时公示本地区"僵尸"企业处置和亏损企业治理结果等信息。

2. 市场监管信息能够定期公开

省市场监管局、16 家市政府和 74.45% 的县（市、区）政府能够依法向社会发布产品质量监督抽查结果公告，并定期公开被抽检单位、抽检产品名称、标示的生产单位、标示的产品生产日期或者批号及规格、检验依据、检验结果、检验单位等监督抽检信息。

3. 安全生产工作公开透明度持续提升

评估发现，省应急厅、16 家市政府和 64.23% 的县（市、区）政府不同程度地公开了安全生产领域的常规检查执法、暗查暗访、突击检查、随机抽查等执法检查信息。省住房城乡建设厅、16 家市政府和 69.34% 的县（市、区）政府能够设立建筑市场监管专题专栏，集中公开执法检查、建筑市场主体不良信用记录、黑名单记录等信息。

（二）存在的问题

1. 部分国资国企信息公开不够及时

评估发现，部分县（市、区）政府未按月公开县（市、区）管企业主要经济效益指标、主要行业盈利、重大变化事项等情况，或是缺少部分月份的信息；企业履行社会责任重点工作情况公开也不够及时和全面。

2. 执法检查结果信息公开标准不一

评估发现，部分县（市、区）政府虽然公开了市场监管、安全生产等领域的执法检查信息，但发布内容有的是检查通知、相关政策文件、部署会议通稿以及执法检查的相关新闻信息，对执法结果信息的公开往往不够明确详细。

第三节　依申请公开

新修订的《条例》删去了申请获取政府信息时"根据自身生产、生活、科研等特殊需要"的"三需要"条件。进一步明确了依申请公开的程序规定，全面涵盖申请提出、补正申请内容、答复形式规范、征求意见程序、时间起算等内容，并要求行政机关建立健全政府信息公开申请登记、审核、办理、答复、归档的工作制度，加强工作规范。由于本次暗访时间在 2019 年 8 月至 12 月，故所有评估指标均依据新修订的《条例》。

本次评估采用模拟暗访的方式，评估工作组以公民身份，通过在线平台和快递方式向 39 家省直部门、单位，16 家市政府（选取了其中 2 家市政府部门）和 137 家县（市、区）政府（选取了其中 2 家县〔市、区〕政府部门）发送了政府信息公开申请，对各评估对象申请渠道畅通性和答复规范性进行了评估。创新案例如图 3-8 所示。

创新案例 8：依申请转主动公开

新修订的《条例》第 44 条规定，"多个申请人就相同政府信息向同一行政机关提出公开申请，且该政府信息属于可以公开的，行政机关可以纳入主动公开的范围"。

为进一步加强全市各级各部门政府信息管理，妥善处理政府信息依申请转主动公开，逐步扩大政府信息主动公开范围，济宁市政府 2019 年制定了《关于做好政府信息依申请转主动公开工作的通知》（市府办通知〔2019〕25 号），对全市依申请转主动公开工作作了全面安排部署，并在政府信息公开目录中设置了依申请转主动公开目录。

济政办字〔2019〕11号 济宁市人民政府办公室关于印发南四湖省级自然保护区核心区池塘退养工作实施方案的通知

任城区、微山县、鱼台县人民政府，太白湖新区管委会，市直有关部门：

《南四湖省级自然保护区核心区池塘退养工作实施方案》已经市政府同意，现印发给你们，请认真组织实施。

图 3-8 依申请转主动公开创新案例

一 渠道畅通性

（一）主要工作成效

1. 在线申请渠道普遍畅通

评估发现，36 家省直部门、单位，16 家市政府和 137 家县（市、区）政府均开通了在线申请渠道或提供电子邮箱接收在线渠道申请信息。评估工作组通过在线平台提交成功并收到反馈信息或电子邮件发送成功提示信息确认，向 36 家省直部门、单位，16 家市政府部门和 134 家县（市、区）政府成功提交了政府信息公开申请，在线渠道总体畅通率达到了 98.41%。

2. 信函申请渠道基本畅通

评估发现，39 家省直部门、单位，16 家市政府和 137 家县（市、区）政府在政府信息公开指南中发布了本机关政府信息公开申请受理机构名称、联系电话、通信地址和邮编等信息接收信函渠道申请信息。评估工作组通过快递跟踪查询系统确认，39 家省直部门、单位，16 家市政府和 137 家县（市、区）政府签收了寄送的政府信息公开申请，信函渠道总体畅通率达到了 100%。

（二）存在的问题

1. 个别评估对象依申请公开在线渠道不畅通

评估发现，个别单位出现在线渠道不畅通的问题，如某县（市、区）政府门户网站公民申请页面中"传真号码"为加"*"的必填项，不填写无法成功提交；某县（市、区）政府门户网站申请页面需要上传身份证扫描件，但评估工作组点击上传后显示"关闭身份证上传"，无法成功提交。

2. 部分评估对象依申请公开在线渠道查询不可用

依申请公开制度是保障公众获取政府信息的重要制度之一，各级政府不应由于网站改版等原因，耽误正常的申请处理工作，而出现履职"真空"。评估发现，部分省直部门、单位和县（市、区）政府由于网站改版升级，申请到期之后，使用之前的反馈码无法在新的网站进行申请状态查询。

3. 部分评估对象由于信函移送不及时导致答复超期

评估过程中，有评估对象向评估工作组解释，信函被传达室或其他部门接收，由于各部门衔接和沟通交流不足，信函没有及时移送至申请受理机构，导致了超期答复。

二 答复规范性

（一）主要工作成效

1. 多数评估对象能够在规定时限内及时答复申请

信函渠道方面，34 家省直部门、单位，16 家市政府和 114 家县（市、区）政府能够在规定时限内答复申请，信函渠道按时答复率达到了 85.42%；在线渠道方面，33 家省直部门、单位，16 家市政府和 127 家县（市、区）政府在规定时限内答复了申请，在线渠道按时答复率为 94.62%。

2. 多数评估对象能够按照申请人要求的形式答复

无论在线申请渠道还是信函申请渠道，评估工作组均要求评估对象以电子邮件形式回复。信函渠道方面，34 家省直部门、单位，16 家市政府和 114 家县（市、区）政府能够按照申请人的要求，以电子邮件的形式进行答复，分别占比 87.18%、100% 和 83.21%；在线渠道方面，33 家省直部门、单位，16 家市政府和 127 家县（市、区）政府按照申请人的要求，以电子邮件形式进行答复，分别占比 84.62%、100% 和 92.70%。

3. 多数评估对象出具了较为规范的书面告知书

信函渠道方面，33 家省直部门、单位，13 家市政府和 99 家县（市、区）政府向评估工作组出具了加盖单位公章的书面告知书或扫描件，分别占比 84.62%、81.25% 和 72.26%。其中，25 家省直部门、单位，13 家市政府和 81 家县（市、区）政府能够在告知书中明确告知救济渠道。

在线渠道方面，29 家省直部门、单位，14 家市政府和 107 家县（市、区）政府向评估工作组出具了加盖单位公章的书面告知书或扫描件，分别占比 74.36%、87.50% 和 78.10%。其中，24 家省直部门、单位，14 家市政府和 89 家县（市、区）政府能够在告知书中明确告知救济渠道。创新案例如图 3-9 所示。

创新案例 9：政府信息公开告知书规范便民

为加强告知书的规范性和便民性，省机关事务局出具的政府信息公开告知书在标题中明确了申请人姓名和事项——"关于对××申请全省省直部门公务用车配备数量统计的政府信息公开告知书"。

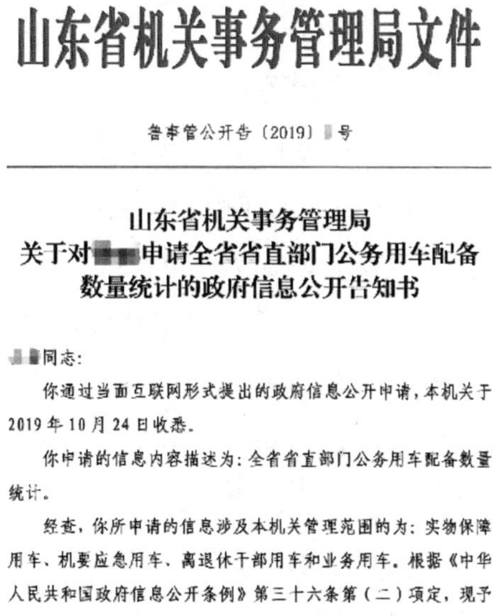

图 3-9 政府信息公开告知书规范便民创新案例

（二）存在的问题

1. 个别评估对象设置不必要的条件限制申请

在申请阶段，部分评估对象对提出申请设置不必要的条件。例如：评估工作组以公民身份向某县（市、区）公安局申请公开政府信息，收到申请后，该公安局电话告知需要与申请人所在单位取得联系确认后才能提供；评估工作组按照公开指南（明确告知接收信函申请）向某区审计局申请公开政府信息，该审计局电话告知仅能由本人携带身份证复印件到现场申请。

2. 部分评估对象未能在规定时限内答复

评估结果显示，15.62%的评估对象未能在规定时限内答复信函渠道申请，5.38%的评估对象未在规定时限内答复在线渠道的申请。甚至个别单位在评估结束时，评估工作组通过在线形式提交的申请，在线平台查询状态仍显示"未处理"或"等待受理"。

3. 个别评估对象未按照申请人要求的形式答复

无论在线申请渠道还是信函申请渠道，评估工作组均要求评估对象以电子邮件的形式回复，部分评估对象仅通过在线申请平台进行答复，而未以任何形式告知申请人已在平台答复；部分评估对象只在电子邮件中答复了相关内容，但未出具加盖单位公章的书面告知书或扫描件。

4. 个别评估对象的告知书中存在明显的文字错误

个别评估对象在出具书面告知书时，未认真检查告知书的内容，出现了文字错误。例如，某省直部门、单位出具的告知书将申请人姓名写错；评估工作组以信函形式发送的申请，个别单位出具的告知书上写着"收到以在线形式提交的申请"。

5. 部分评估对象出具告知书的法律依据不充分或不准确

新修订的《条例》自2019年5月15日起施行，评估工作组的暗访是从8月下旬开始，故告知书的法律依据应引用新修订的《条例》相关条款。评估结果显示，3家市政府部门和12家县（市、区）政府部门在告知书或答复书中引用的法律依据为旧《条例》相关条款。

6. 部分评估对象出具告知书救济渠道缺失或不完整

评估发现，部分单位存在救济渠道缺失或不完整的问题。信函渠道方面，6家县（市、区）政府部门未告知救济渠道，8家省直部门、单位和15家县（市、区）政府在告知书中告知了救济渠道，但未告知具体救济机关名称、地址。在线渠道申请方面，4 家县（市、区）政府未告知救济渠道，6 家省直部门、单位，1 家市政府和 12 家县（市、区）政府告知具体救济机关名称、地址。

第四节　政策解读与回应关切

本年度政策解读与回应关切指标包括"政策解读""回应关切"2 项二级指标。主要是对各级政府政策解读专栏设置、解读材料发布、解读形式等政策解读情况，以及重要舆情回应、互动平台建设与应用等情况进行评估。办理答复采用模拟暗访的形式，评估各评估对象的答复时效和答复内容情况。

一　政策解读

（一）主要工作成效

1. 全部设置了政策解读专栏或目录

评估发现，39 家省直部门、单位，16 家市政府和 137 家县（市、区）政府均在政府网站设置了专门的政策解读栏目或目录，及时发布解读材料。

2. 重要政策解读比例有所提升

评估结果显示，省直部门、单位政策解读比例平均为 85.90%，16 家市政府重要政策解读比例平均为 94.04%，多数县（市、区）政府重要政策解读比例超过了 60%。这说明，各级各部门对涉及群众切身利益、影响市场预期等重要政策基本能够做到全面解读。

3. 解读形式丰富多样

各级各部门积极探索重要政策的多形式解读，按照"谁起草、谁解读"的原则，深化主要负责人带头权威解读。多数评估对象能够从公众生产生活实际需求出发，对政策文件及解读材料进行梳理、分类、提炼、精简，重新归纳组织，通过数字化、图表图解、音频、视频、动漫等形式予以展现。

4. 政策文件与解读材料关联性受到重视

评估结果显示，省直各部门、单位，16 家市政府和 95.62% 的县（市、区）政府能够通过在政策文件页面底部提供解读材料链接或附件下载等方式实现政策文件和解读材料的相互关联。

（二）存在的问题

1. 部分政策解读仍旧流于形式

政策图解实际上是通过对政策的理解和掌握，用图形语言展示政策文件所要表达或传递的信息内容。评估发现，部分评估对象仅在文字解读材料中增加了图片背景，就这样放置在政策图解目录下，并非真正意义上的图解。

2. 部分政策解读内容不够全面

部分评估对象发布的解读材料未能全面涵盖政策的背景依据、目标任务、主要内容、涉及范围、执行标准、注意事项、关键词解释、惠民利民举措、新旧政策差异等。例如，某县（市、区）政府发布的解读材料仅是对公文流转的说明；个别评估对象所发布的解读材料还是文件内容的简单转述，未达到政策解读的效果。

二 回应关切

（一）主要工作成效

1. 各级政府均搭建了统一的互动交流平台

截至 2019 年底，86.67% 的省直部门、单位，16 家市政府和 91.85% 的县（市、区）政府的留言评论、征集调查、咨询投诉、在线访谈等互动交流栏目搭建或使用了政府网站统一的互动交流平台。

2. 答复反馈情况公开较好

评估结果显示，97.44%的省直部门、单位，100%的市政府和98.54%的县（市、区）政府在政府网站互动交流栏目中公开了咨询建言类栏目（网上信访、纪检举报等专门渠道除外）的网民留言，并且92.31%的省直部门、单位，100%的市政府和89.78%的县（市、区）政府详细公开了留言时间、答复时间、答复单位、答复内容等。另外，61.54%的省直部门、单位，93.75%的市政府和91.24%的县（市、区）政府在政府网站实时或定期公开了留言受理反馈情况统计数据。创新案例如图3-10所示。

创新案例10：政府网站互动交流栏目建设

日照市政府门户网站重新改版升级了"日照市互动交流平台"，集成了咨询建言、办理结果、数据统计、互动热点、政务访谈等功能，并对咨询建言类栏目的反馈数据情况以图表形式生动形象地展示，接受公众监督。

图3-10 政府网站互动交流栏目建设创新案例

3. 多数互动交流平台咨询建言类栏目可用性较好

评估结果显示，84.62%的省直部门、单位，16家市政府和91.24%的县（市、区）政府的咨询建言类栏目功能可用，留言咨询成功提交后，反馈了有效可用的查询码，随时查询留言咨询的办理状态，极大方便了公众。

4. 多数咨询留言答复及时有效

评估结果显示，25.64%的省直部门、单位，18.75%的市政府和12.41%的县（市、区）政府能够在当天给予答复，51.28%的省直部门、单位，50.00%的市政府和56.20%的县（市、区）政府能够在1~5个工作日答复。

（二）存在的问题

1. 部分单位需缩短留言办理时间

评估结果显示，7.69%的省直部门、单位，6.25%的市政府和10.22%的县（市、区）政府未能在公众留言后15个工作日内给予答复，甚至个别基层政府截至评估数据采集结束也未予以答复。

2. 留言答复反馈工作有待加强

评估结果显示，7.69%的省直部门、单位和10.22%的县（市、区）政府未能在政府网站互动交流栏目中详细公开咨询建言类栏目的留言时间、答复时间、答复单位、答复内容等。38.46%的省直部门、单位，6.25%的市政府和8.76%的县（市、区）政府未能在政府网站实时或定期公开本政府网站留言受理反馈情况统计数据。

3. "重建设轻应用"现象仍然存在

评估发现，个别县（市、区）政府门户网站互动交流栏目建设技术导向特征明显。评估结果显示，有15.38%的省直部门、单位和8.76%的县（市、区）政府网站互动交流栏目出现了不可用或无法查询办理状态的现象；还有部分互动交流栏目公众参与度较低，公众留言较少，有的基层政府门户网站甚至全年仅有 1~2 条有效的留言；部分政府网站互动交流栏目的调查征集栏目基本全是网站改版满意度调查，未曾开展过民生民意方面的在线调查活动。

第五节 政务公开保障机制

政务公开工作要达到预期效果，保障监督工作非常重要。"政务公开保障机制"指标主要从政府网站平台建设、基础设置和组织管理等方面，评估省直各部门、单位，16 家市政府和各县（市、区）政府的保障监督机制建设情况。

一 平台建设

（一）主要工作成效

1. 政府网站用户体验显著提升

评估发现，39 家省直部门、单位，16 家市政府和 137 家县（市、区）政府均建有政府网站。多数评估对象政府网站年内按照新修订的《条例》和《国务院办公厅政府信息与政务公开办公室关于规范政府信息公开平台有关事项的通知》（国办公开办函〔2019〕61 号）要求，积极升级改版政府网站。

39 家省直部门、单位，16 家市政府和 137 家县（市、区）政府均在政府网站提供了检索功能。部分政府网站在提供了站内检索的同时，在相应信息发布较为集中、公众关注度较高的栏目下设置了栏目内检索，进一步方便了用户对信息的精准检索。在检索功能实用性方面，经抽查发现，94.87% 的省直部门、单位，16 家市政府和 79.56% 的县（市、区）政府搜索功能实用性较强，搜索关键词与检索结果匹配度较高。

省直各部门、单位，16家市政府和97.81%的县（市、区）政府网站内法规文件和办事文件便于复制、保存和打印。

2. 政务微博、微信开通率显著提升

政务微博方面，74.36%的省直部门、单位，16家市政府和75.18%的县（市、区）政府开通了政务微博，并在政府网站提供了相应的微博链接；省直部门、单位政务微博平均粉丝数量约为48.8万，16家市政府政务微博平均粉丝数量约为107万，县（市、区）政府政务微博平均粉丝数量约为6万。

政务微信方面，省直各部门、单位，16家市政府和所有县（市、区）政府均开通了本地区的政务微信公众号，并在政府网站提供了相应的公众号二维码，普遍设置了包括便民服务、互动交流和"互联网＋督查"等栏目。

3. 政府公报逐步规范

根据《国务院办公厅关于做好政府公报工作的通知》（国办发〔2018〕22号）要求，"其他市、县级人民政府可结合实际积极探索创办政府公报，地方政府所属部门以及乡镇政府、街道办事处不办政府公报"。本次对市、县两级政府公报发行和数字化情况进行了评估，其中对县级政府的评估，作为鼓励创新的引导性指标。

评估结果显示，16家市政府和94.16%的县（市、区）政府定期编发并在门户网站发布了2019年政府公报的电子版，其中56.25%的市政府和28.47%的县（市、区）政府按照月度定期发布本级政府公报。

政府公报数字化方面，16家市政府和94.16%的县（市、区）政府能够将创刊以来的历年政府公报实现数字化，其中，50%的市政府和14.60%的县（市、区）政府提供了政府公报目录导航和内容检索服务。创新案例如图3-11所示。

创新案例 11：政府公报数字化

　　威海市政府门户网站建立了政府公报专栏，按月度定期发布政府公报，不仅提供了每期政府公报的目录导航，还针对政府公报内容设置了内容检索服务，用户可以根据期号、文号、标题、主题词等关键词检索公报内容。

图 3 - 11　政府公报数字化创新案例

（二）存在的问题

1. 部分政府网站检索功能可用性不强

　　评估发现，部分政府网站的站内检索仅能检索网站部分栏目内容，如某县（市、区）政府网站无法检索互动交流栏目中意见征集相关内容。

2. 部分政务新媒体功能运营管理流于形式

　　部分评估对象的政务微信虽然设置了互动交流和便民服务栏目，

但是普遍缺乏互动意识，留言回复时效性也较差，未能真正实现与网民的有效互动，导致互动功能流于形式。另外，多数机关政务微博和微信的日常运维工作都是由办公室或信息中心的人员兼职负责，并未设置专门的管理机构和管理职位，运维人员普遍缺少与网民互动交流的技巧，这也是影响政务微博和微信发展的一个重要因素。

3. 多数政府公报未提供内容检索服务

政府公报是刊登政府行政法规、规章和政令的权威载体，是推行政务公开、推进法治政府建设的重要平台。历史公报的数字化需要注重信息的可检索性。评估结果显示，50.00% 的市政府和 63.50% 的县（市、区）政府未提供政府公报的内容检索服务，部分提供的检索实际上为站内检索，并非针对电子化政府公报的检索服务。还有部分评估对象仅提供了政府公报的 PDF 版或 Word 版。

二 基础设置

（一）主要工作成效

1. 根据新修订的《条例》及时调整公开目录

新修订的《条例》重新规范了主动公开的内容，且《国务院办公厅政府信息与政务公开办公室关于规范政府信息公开平台有关事项的通知》（国办公开办函〔2019〕61 号）也明确了公开指南、主动公开内容、政府信息公开工作年度报告等平台建设要求。评估结果显示，39 家省直部门、单位，16 家市政府和 137 家县（市、区）政府均在政府网站及时调整了政府信息公开目录，基本涵盖政府信息的索引、名称、内容概述、生成日期等内容，且与网站文件资料库、有关栏目内容关联融合，可通过目录检索到具体信息，方便公众查找。

2. 大多数政府网站提供了无障碍浏览服务

评估结果显示，39 家省直部门、单位，16 家市政府和 120 家县

（市、区）政府为特殊人群及老人提供了便捷政府网站浏览服务，包括在原有基础上支持字体放大、特殊界面设置、色调调整、辅助线添加、语音等功能，为视觉障碍、老年人等特殊人群提供网上服务。

3. 公开指南内容全面、及时发布

评估结果显示，所有省直部门、单位，16 家市政府和 137 家县（市、区）政府均在政府网站公开了本部门或本级政府的公开指南。16 家市政府均能将本级政府和本级政府部门、单位的公开指南分级分类进行公开。54.01% 的县（市、区）政府能将本级政府、本级政府部门、单位以及所辖乡镇、街道的公开指南进行分级分类公开。30.77% 的省直部门、单位，75.00% 的市政府和 36.50% 的县（市、区）政府能根据新修订的《条例》和机构改革情况及时调整更新并公开本行政机关的公开指南。

4. 基本能够按照要求发布年度报告

评估结果显示，所有省直部门、单位，16 家市政府和 137 家县（市、区）政府均在政府网站发布了本部门年度报告或本级政府 2018 年政府信息公开工作年度报告。16 家市政府和 55.47% 的县（市、区）政府还能够对本级政府和本级政府部门、单位年度报告分级分类公开。78.38% 的省直部门、单位，16 家市政府和 86.86% 的县（市、区）政府将建议提案办理结果公开情况纳入年度报告。创新案例如图 3 - 12 所示。

创新案例 12：年度报告多形式发布

《2018 年山东省人民政府信息公开工作年度报告》在门户网站发布全文的同时，以电子书、PDF 等形式同步发布，并配发了图解、H5 动画解读和动漫解读，生动形象、通俗易懂。

图 3 – 12　年度报告多形式发布创新案例

5. 多数能够发布主动公开基本目录

评估结果显示，48.72%的省直部门、单位，16 家市政府和73.72%的县（市、区）政府年内编制完成并公开了本级主动公开基本目录，动态调整更新。25.64%的省直部门、单位，75.00%的市政府和66.42%的县（市、区）政府在发布的主动公开基本目录中明确"五公开"的主体、内容、时限、方式等，并将重点领域信息公开纳入主动公开基本目录，持续加以推进。创新案例如图 3 – 13 所示。

创新案例 13：主动公开基本目录

临沂市莒南县政府督促所有县政府工作部门、县政府直属事业单位和乡镇街道完成了主动公开基本目录的制定工作，在门户网站建立了"莒南县政府信息主动公开基本目录"专栏，集中进行发布和动态更新。

图 3 – 13　主动公开基本目录创新案例

（二）存在的问题

1. 部分公开指南更新不及时

新修订的《条例》第 12 条规定，行政机关编制、公布的政府信息公开指南和政府信息公开目录应当及时更新。评估结果显示，69.23%的省直部门、单位，25.00%的市政府和63.50%的县（市、区）政府未能根据新修订的《条例》和机构改革情况及时调整更新并公开本行政机关的公开指南。一是内容仍然保留着依申请公开的"三需要"，或是办理时限仍为15个工作日，或是仍然保留着收费相关标准；二是流程图依旧保留着旧《条例》相关的条款内容。

2. 部分年度报告存在与历年报告雷同现象

本次评估重点对年度报告主动公开政府信息的情况、存在的主要问题和改进措施等方面与历年报告的雷同情况作了详细对比评估。评估结果显示，13.51%的省直部门、单位和30.66%的县（市、区）政府在年度报告主动公开政府信息方面出现了与近三年年度报告雷同的情况。35.14%的省直部门、单位，6.25%的市政府和33.58%的县（市、区）政府在年度政府信息公开工作中存在的问题及改进措施出现了与近三年年度报告雷同的情况，个别单位甚至仅修改年份，标题和内容完全一样。

3. 部分主动公开基本目录要素不完整或不准确

评估发现，部分评估对象仅将政府网站信息公开目录的组配项放到主动公开基本目录里，部分主动公开基本目录缺少公开时限、公开主体等内容，部分主动公开基本目录中公开时限多为"及时更新""按要求更新"等不明确表述。

三 组织管理

（一）主要工作成效

1. 及时调整领导小组并公开相关文件

评估结果显示，97.44%的省直部门、单位，16家市政府和88.32%的县（市、区）政府均及时调整了本部门、本级政府政务公开领导小组并公开了相关文件，均明确政务公开工作承担机构，并配备相关人员。

2. 多数能够按计划开展政务公开业务培训

评估结果显示，51.28%的省直部门、单位，16家市政府和84.67%的县（市、区）政府能够发布本级政府或本部门的政务公开业务培训计划，并按照计划开展或参加政务公开业务培训。

3. 多数能够及时制订政务公开年度工作安排或实施方案

评估结果显示，84.62%的省直部门、单位，16家市政府和96.35%的县（市、区）政府及时发布政务公开年度工作安排或实施方案，并能够与本部门、本地区业务实际紧密结合。另外，部分省直部门、单位，62.50%的市政府和37.96%的县（市、区）政府配发了相应的解读材料。创新案例如图3-14所示。

（二）存在的问题

1. 基层政府专门机构和专职人员配置仍然不到位

从全省来看，县（市、区）政府仍然普遍存在政务公开工作分散管理，机构名称不规范、不统一等问题。部分县（市、区）政府即便有专门机构，人员流动性较大，也普遍没有专职人员。

2. 部分评估对象的年度工作安排或实施方案仍有待完善

年度政务公开工作实施方案是各级政府部署全年政务公开工作的文件，应当在上级发布之后及时转发，增强实施方案的时效性。评估发现，部分基层政府年度工作实施方案发布时间在10月以后。部分评估对象制订发布的工作实施方案与本地实际结合不够紧密、针对性不强；部分评估对象的实施方案大而空，过于宏观，没有具体的实际内容，也没有体现年度政务公开工作的重点内容。

创新案例 14：年度政务公开实施方案解读

省商务厅在《要点》印发后，及时制订了《山东省商务厅 2019 年政务公开工作实施方案》，结合部门实际和行业特点，深入落实《要点》相关内容，同时制作了实施方案的图解，简单明了，生动形象。

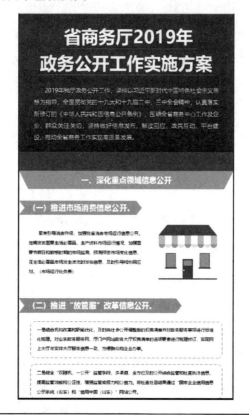

图 3－14　年度政务公开实施方案解读创新案例

第四章　深化政务公开工作的建议

第一节　加快转变行政机关思想观念，
确保公开落到实处

坚持以公开促落实、促规范、促服务，切实转变行政机关思想观念，增强工作主动性和自觉性，克服畏难情绪、轻视思想、观望心理、敷衍态度，提高行政权力运行的透明度，把执政为民的要求落到实处。深刻认识政务公开工作在推进国家治理体系和治理能力现代化中的重要作用，把公开作为基层治理的重要抓手，更多运用政务公开手段改进社会治理，充分发挥政务公开在汇聚众智、凝聚共识、形成合力、推动解决问题等方面的积极作用。遵循客观规律和社会进步要求，紧紧围绕经济社会发展和人民群众关注关切，以人民为中心，立足于服务，坚持问题导向、供给导向和群众需求，统筹谋划、突出重点，抓好人民群众普遍关心、涉及人民群众切身利益领域的政务公开工作，真正把"公开为原则、不公开为例外"的理念落到实处。

第二节　贯彻实施重大行政决策程序，
增强公众参与实效

《重大行政决策程序暂行条例》（中华人民共和国国务院令第713

号）已于 2019 年 9 月 1 日起正式施行，建议尽快根据《重大行政决策程序暂行条例》制定山东省重大行政决策程序的具体制度，进一步健全科学民主依法决策机制，规范重大行政决策行为，提高决策质量，保证决策效率。明确年度重大决策行政事项范围，制订详细的重大行政决策目录、标准，向社会公布接受监督。所有列入重大行政决策事项目录的事项须严格履行公众参与、专家论证、风险评估、合法性审查、集体讨论决定的程序要求，特别是做好各阶段公众参与工作，扫清公众在参与过程中的障碍，提升公众参与的针对性，提高公开的质量和效果，增强决策出台后的认可度和支持度。各级政府尽快出台重大行政决策执行情况评估实施办法，从评估对象、评估方案、评估报告、结果运用等方面严格规范重大行政决策执行情况评估工作。

第三节　全面推进基层标准化规范化，提升政务公开质量

根据《国务院办公厅关于全面推进基层政务公开标准化规范化工作的指导意见》（国办发〔2019〕54 号）要求，着力推进基层政务公开标准化规范化工作，围绕国务院部门制定的 26 个基层试点领域标准指引，指导和督促基层政府年底前编制完成本级政务公开事项标准目录。基层政府要明确行政决策公众参与的事项范围和方式，并向社会公开。对涉及群众切身利益的事项，要采取听证、座谈等方式充分听取意见，在政策实施、项目推进中要及时回应群众关切。另外，政务公开与村（居）务公开有效衔接、相同事项的公开内容要对应一致，切实提升基层政务公开的质量和实效。

第四节　切实加强政务公开平台建设，
准确发布权威信息

充分发挥政府网站作为政务公开主渠道的作用，进一步规范政府网站公开平台设置，提升主动公开工作实效，加强政府信息管理。在继续做好政务公开栏、政府公报、新闻发布会以及报刊、广播、电视等传统平台建设的基础上，运用信息化手段，积极拓展政务公开平台，针对不同人群、选择不同平台渠道，有针对性地定制化公开相应的政府信息。推进政务新媒体健康有序发展，并与政府网站实现融合发展，对各级政府网政务新媒体发布的重要政策信息，其他政务新媒体应及时予以转载；对需政府网站政务新媒体发布的重要信息，应及时沟通协商发布。

第五节　健全优化公开考核评估机制，
改进考评方式方法

2019 年，评估工作组将年度报告、公开指南、互动交流、依申请公开等评估工作日常化和专项化，评估结果更真实、更准确地反映了各级各部门政务公开水平，取得了较好成效。下一步将继续加大政务公开的日常监测力度，重平时、重实绩，杜绝形式主义，彻底消除为迎评而公开的"应试"倾向和"突击式"发布信息现象。将考核中已主动公开的内容，直接从政府网站获取，减少考核报送材料，切实减轻基层负担。充分调动各级各部门的积极性、主动性和创造性，让考核评估最大限度地发挥指挥棒作用，在考核的方式、内容、效果及评估上加以改进和完善，充分体现正确的导向性、差异性、统一性和有效性，尤其要克服随意性和盲目性。进一步强化考核评估信息化平台和手段在日常考核评估中的应用，动态掌握各级各部门相关指标完成进度情况，实现评估考核工作的痕迹化管理。

下篇　专题报告

第一章　政府信息公开工作年度报告发布情况研究报告

　　行政机关向社会公布政府信息公开工作年度报告（以下简称"年度报告"），既是对本机关上一年度政府信息公开工作的总结，也是行政机关的法定职责。《国务院办公厅政府信息与政务公开办公室关于政府信息公开工作年度报告有关事项的通知》（国办公开办函〔2019〕60号）明确指出，政府信息公开工作年度报告是《条例》确立的法定监督保障制度，是全面反映政府信息公开工作情况的基本方式，是加强政府信息管理、摸清政府信息底数、从政府信息的角度记录并展现政府施政过程及结果的基础，对于改进政府信息公开工作、加强政府自身建设、推动国家治理体系和治理能力现代化具有重要意义。

　　新修订的《条例》将县级以上人民政府部门向本级政府信息公开工作主管部门提交本行政机关上一年度政府信息公开工作年度报告并向社会公布的截止时间，从原来的每年3月31日提前至1月31日。

并且要求县级以上地方人民政府的政府信息公开工作主管部门应当在每年 3 月 31 日前向社会公布本级政府上一年度政府信息公开工作年度报告。

为加强各级各部门年度报告发布的规范性，评估工作组对山东省各级各部门的年度报告发布情况开展了专项评估，本次评估时间为 2019 年 7~8 月。

第一节　评估依据

本次评估的依据主要包括但不限于以下内容：

◇《中华人民共和国政府信息公开条例》（2007 年 4 月 5 日中华人民共和国国务院令第 492 号公布，2019 年 4 月 3 日中华人民共和国国务院令第 711 号修订）

◇《国务院办公厅关于印发 2019 年政务公开工作要点的通知》（国办发〔2019〕14 号）

◇《山东省人民政府办公厅关于印发 2019 年山东省政务公开工作要点的通知》（鲁政办发〔2019〕15 号）（以下简称《要点》）

◇《山东省人民政府办公厅关于做好人大代表建议和政协提案办理结果公开工作的通知》（鲁政办字〔2016〕63 号）

◇《国务院办公厅关于推进重大建设项目批准和实施领域政府信息公开的意见》（国办发〔2017〕94 号）

◇《国务院办公厅关于推进公共资源配置领域政府信息公开的意见》（国办发〔2017〕97 号）

◇《国务院办公厅关于加强和规范政府信息公开情况统计报送工作的通知》（国办发〔2014〕32 号）

◇《国务院办公厅政府信息与政务公开办公室关于政府信息公开

工作年度报告有关事项的通知》（国办公开办函〔2019〕60号）

第二节　评估指标

评估指标体系为三级树形结构，包括4个一级指标——"可获取性""发布时效性""内容全面性""形式新颖性"，权重分别占18%、5%、62%、15%，如图1-1所示。

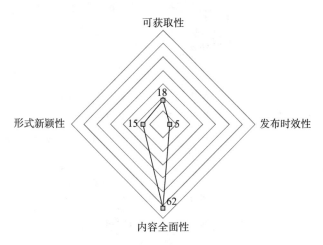

图1-1　一级指标及其权重情况

一　省直部门、单位

省直部门、单位的年度报告评估指标体系如表1-1所示。

表1-1　年度报告发布情况评估指标体系（省直部门、单位版）

一级指标	二级指标	三级指标
可获取性 （18）	2018年政府信息公开 工作年度报告（6）	是否发布了本级政府2018年政府信息公开工作年度报告（3）
		是否可在线浏览、复制或下载（3）

续表

一级指标	二级指标	三级指标
可获取性（18）	历年政府信息公开工作年度报告（12）	是否发布 2008～2017 年历年政府信息公开工作年度报告（6）
		是否将历年年报在政府网站同一栏目或位置公开（6）
发布时效性（5）	规定时限内发布（5）	是否在 2019 年 3 月 31 日前发布（5）
内容全面性（62）	行政机关主动公开政府信息的情况（25）	是否包括年度政府信息公开有关制度建设情况（2）
		是否包括年度政府信息公开平台、机构建设和人员、经费投入情况（2）
		建议提案办理结果公开情况是否纳入（3）
		是否包括了年度推进重大建设项目批准和实施领域信息公开工作进展情况（5）
		是否包括了年度推进公共资源配置领域政府信息公开工作进展情况（5）
		是否包括了年度推进其他重点领域信息公开工作进展和落实情况（6）
		与历年报告的雷同情况（2）
	行政机关依申请公开政府信息和不予公开政府信息的情况（7）	是否说明公民、法人或者其他组织申请公开政府信息的情况（3）
		是否说明行政机关同意公开、部分公开和不予公开政府信息的分类情况（4）
	政府信息公开工作中行政复议、行政诉讼及投诉情况和处理结果（4）	是否说明因政府信息公开申请行政复议情况（2）
		是否说明因政府信息公开申请行政诉讼的情况（2）
	政府信息公开的收费及减免收费情况（2）	是否说明年度依申请公开收费情况（1）
		是否说明年度依申请公开费用减免情况（1）
	政府信息公开工作存在的主要问题及改进情况（11）	是否说明年度政府信息公开工作中存在的问题及改进措施（8）
		与历年报告的雷同情况（3）

一级指标	二级指标	三级指标
内容全面性（62）	政府信息公开情况统计表（13）	是否公开附加统计表（3）
		统计表是否按要求填写（10）
形式新颖性（15）	多样化展示情况（5）	是否采用电子书、结构化展示、有声朗读等多形式展示年度报告（5）
	年报配图制作情况（5）	是否图文并茂，增强年报的可读性（5）
	年报解读（3）	是否有对年报内容的解读（3）
	统计数据分析的新颖性（2）	是否在分析年报数据过程中引入较为新颖的观察视角（2）

二　市政府

市政府的年度报告评估指标体系如表 1 - 2 所示。

表 1 - 2　年度报告发布情况评估指标体系（市政府版）

一级指标	二级指标	三级指标
可获取性（18）	2018 年政府信息公开工作年度报告（6）	是否发布了本级政府 2018 年政府信息公开工作年度报告（3）
		是否可在线浏览、复制或下载（3）
	历年政府信息公开工作年度报告（12）	是否发布 2008 ~ 2017 年历年政府信息公开工作年度报告（6）
		是否对本级政府、本级政府部门、单位年度报告分级分类公开（6）
发布时效性（5）	规定时限内发布（5）	是否在 2019 年 3 月 31 日前发布（5）
内容全面性（62）	行政机关主动公开政府信息的情况（25）	是否包括年度政府信息公开有关制度建设情况（2）
		是否包括年度政府信息公开平台、机构建设和人员、经费投入情况（2）

续表

一级指标	二级指标	三级指标
内容全面性（62）	行政机关主动公开政府信息的情况（25）	建议提案办理结果公开情况是否纳入（3）
		是否包括了年度推进重大建设项目批准和实施领域信息公开工作进展情况（5）
		是否包括了年度推进公共资源配置领域政府信息公开工作进展情况（5）
		是否包括了年度推进其他重点领域信息公开工作进展和落实情况（6）
		与历年报告的雷同情况（2）
	行政机关依申请公开政府信息和不予公开政府信息的情况（7）	是否说明公民、法人或者其他组织申请公开政府信息的情况（3）
		是否说明行政机关同意公开、部分公开和不予公开政府信息的分类情况（4）
	政府信息公开工作中行政复议、行政诉讼及投诉情况和处理结果（4）	是否说明因政府信息公开申请行政复议的情况（2）
		是否说明因政府信息公开申请行政诉讼的情况（2）
	政府信息公开的收费及减免收费的情况（2）	是否说明年度依申请公开收费情况（1）
		是否说明年度依申请公开费用减免情况（1）
	政府信息公开工作存在的主要问题及改进情况（11）	是否说明年度政府信息公开工作中存在的问题及改进措施（8）
		与历年报告的雷同情况（3）
	政府信息公开情况统计表（13）	是否公开附加统计表（3）
		统计表是否按要求填写（10）
形式新颖性（15）	多样化展示情况（5）	是否采用电子书、结构化展示、有声朗读等多形式展示年度报告（5）
	年报配图制作情况（5）	是否图文并茂，增强年报的可读性（5）

一级指标	二级指标	三级指标
形式新颖性（15）	年报解读（3）	是否有对年报内容的解读（3）
	统计数据分析的新颖性（2）	是否在分析年报数据过程中引入较为新颖的观察视角（2）

三　县（市、区）政府

县（市、区）政府的年度报告评估指标体系如表 1 - 3 所示。

表 1 - 3　年度报告发布情况评估指标体系（县〔市、区〕政府版）

一级指标	二级指标	三级指标
可获取性（18）	2018 年政府信息公开工作年度报告（6）	是否发布了本级政府 2018 年政府信息公开工作年度报告（3）
		是否可在线浏览、复制或下载（3）
	历年政府信息公开工作年度报告（12）	是否发布 2008～2017 年历年政府信息公开工作年度报告（6）
		是否对本级政府、本级政府部门、单位以及所辖乡镇、街道年度报告分级分类公开（6）
发布时效性（5）	规定时限内发布（5）	是否在 2019 年 3 月 31 日前发布（5）
内容全面性（62）	行政机关主动公开政府信息的情况（25）	是否包括年度政府信息公开有关制度建设情况（2）
		是否包括年度政府信息公开平台、机构建设和人员、经费投入情况（2）
		建议提案办理结果公开情况是否纳入（3）
		是否包括了年度推进重大建设项目批准和实施领域信息公开工作进展情况（5）
		是否包括了年度推进公共资源配置领域政府信息公开工作进展情况（5）

一级指标	二级指标	三级指标
内容全面性（62）	行政机关主动公开政府信息的情况（25）	是否包括了年度推进其他重点领域信息公开工作进展和落实情况（6）
		与历年报告的雷同情况（2）
	行政机关依申请公开政府信息和不予公开政府信息的情况（7）	是否说明公民、法人或者其他组织申请公开政府信息的情况（3）
		是否说明行政机关同意公开、部分公开和不予公开政府信息的分类情况（4）
	政府信息公开工作中行政复议、行政诉讼及投诉情况和处理结果（4）	是否说明因政府信息公开申请行政复议的情况（2）
		是否说明因政府信息公开申请行政诉讼的情况（2）
	政府信息公开的收费及减免收费的情况（2）	是否说明年度依申请公开收费情况（1）
		是否说明年度依申请公开费用减免情况（1）
	政府信息公开工作存在的主要问题及改进情况（11）	是否说明年度政府信息公开工作中存在的问题及改进措施（8）
		与历年报告的雷同情况（3）
	政府信息公开情况统计表（13）	是否公开附加统计表（3）
		统计表是否按要求填写（10）
形式新颖性（15）	多样化展示情况（5）	是否采用电子书、结构化展示、有声朗读等多形式展示年度报告（5）
	年报配图制作情况（5）	是否图文并茂，增强年报的可读性（5）
	年报解读（3）	是否有对年报内容的解读（3）
	统计数据分析的新颖性（2）	是否在分析年报数据过程中引入较为新颖的观察视角（2）

第三节　评估对象

本次评估对象为 37 家省直部门、单位（评估对象为机构改革前的省直部门、单位），16 家市政府和 137 家县（市、区）政府。

第四节　总体结果分析

本次评估对象共计 190 家，平均得分 78.45 分，其中省直部门、单位平均得分 83.89 分，市政府平均得分 88.34 分，县（市、区）政府平均得分 75.82 分。

如图 1-2 所示，190 家评估对象中，最高分 97 分，最低分 38.2 分，一定程度上存在两极分化情况，说明各级政府和部门对年度报告的重视程度不同，导致了年度报告评估得分的两极分化现象。另外，57.89% 的评估对象年度报告得分在 75~90 分，说明大多数评估对象年度报告内容基本符合旧《条例》的要求。

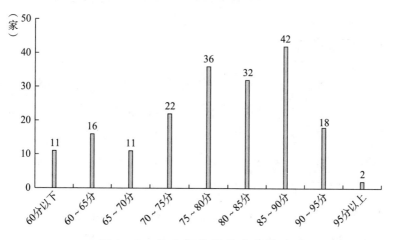

图 1-2　年度报告得分分布情况

如图 1 - 3 所示，总分方面，市政府平均得分指数高于省直部门、单位和县（市、区）政府，省直部门、单位次之，县（市、区）政府平均得分指数较低。从各一级指标平均得分指数来看，可获取性和发布时效性平均得分指数较高，说明各评估对象普遍做到了"有"，都能够按时发布本部门或本级政府年度报告。形式新颖性指标平均得分指数较低，均低于 40%，说明各评估对象在年度报告图文展示、多平台发布以及解读等方面有待进一步完善。

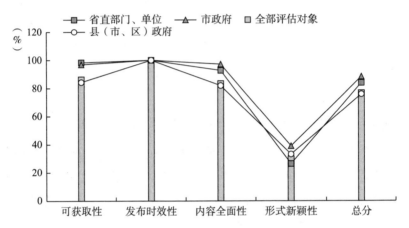

图 1 - 3　各评估对象年度报告一级指标得分指数情况

一　可获取性

可获取性指标主要评估各评估对象是否及时发布 2018 年政府信息公开工作年度报告，以及是否将历年政府信息公开工作年度报告同步展示在政府网站上。

评估结果显示，所有省直部门、单位，16 家市政府和 137 家县（市、区）政府均在政府网站发布了本部门或本级政府 2018 年政府信息公开工作年度报告。所有省直部门、单位，16 家市政府和 97.08% 的县（市、区）政府的年度报告可在线浏览、复制或下载。81.08% 的省直部门、单位，81.25% 的市政府和 57.66% 的县（市、区）政

府在政府网站建立专栏集中完整发布了本部门或本级政府 2008～2017
年历年的政府信息公开工作年度报告。另外，16 家市政府和 55.47%
的县（市、区）政府还能够对本级政府和本级政府部门、单位年度报
告分级分类公开。

二　发布时效性

发布时效性指标主要评估各评估对象是否在 2019 年 3 月 31 日前
发布本级 2018 年政府信息公开工作年度报告。

评估结果显示，所有省直部门、单位，16 家市政府和 137 家县
（市、区）政府均在 2019 年 3 月 31 日前发布了本级 2018 年政府信息
公开工作年度报告。

三　内容全面性

内容全面性指标主要评估年度报告是否涵盖了行政机关主动公开
政府信息的情况，行政机关依申请公开政府信息和不予公开政府信息
的情况，政府信息公开工作中行政复议、行政诉讼及投诉情况和处理
结果，政府信息公开的收费及减免收费情况，政府信息公开工作存在
的主要问题及改进情况和政府信息公开情况统计表等内容。

从行政机关主动公开政府信息的情况看，所有省直部门、单位，
16 家市政府和 97.81% 的县（市、区）政府说明了本年度政府信息公
开有关制度建设情况。所有省直部门、单位，16 家市政府和 137 家县
（市、区）政府均说明了本年度政府信息公开平台、机构建设和人员、
经费投入情况。78.38% 的省直部门、单位，16 家市政府和 86.86%
的县（市、区）政府将本机关建议提案办理结果具体公开情况纳入年
度报告。所有省直部门、单位，87.50% 的市政府和 56.93% 的县
（市、区）政府详细说明了年度推进重大建设项目批准和实施领域、

公共资源配置领域和其他重点领域信息公开工作进展落实情况。

从行政机关依申请公开政府信息和不予公开政府信息的情况看，97.30%的省直部门、单位，16家市政府和94.89%的县（市、区）政府详细说明了公民、法人或者其他组织申请公开政府信息的情况，并且59.46%的省直部门、单位，16家市政府和49.64%的县（市、区）政府还对本行政机关同意公开、部分公开和不予公开政府信息的分类情况进行了说明。

从政府信息公开工作中行政复议、行政诉讼及投诉情况和处理结果看，所有省直部门、单位，16家市政府和94.89%的县（市、区）政府说明了政府信息公开申请行政复议和行政诉讼的情况。

从政府信息公开的收费及减免收费情况看，89.19%的省直部门、单位，81.25%的市政府和83.21%的县（市、区）政府在年度报告中说明了年度依申请公开收费和费用减免情况。

从政府信息公开工作存在的主要问题及改进情况看，89.19%的省直部门、单位，16家市政府和78.83%的县（市、区）政府较为详细地总结了本年度政府信息公开工作存在的主要问题，并给出了下一步工作改进的方向和建议。

94.59%的省直部门、单位，93.75%的市政府和81.75%的县（市、区）政府在年度报告后直接公开或以附件形式公开了本机关的附加统计表，并且81.08%的省直部门、单位，87.50%的市政府和69.34%的县（市、区）政府的统计表能够严格按照《国务院办公厅关于加强和规范政府信息公开情况统计报送工作的通知》（国办发〔2014〕32号）的要求填写。

另外，本次评估在内容全面性指标中特意增加了2项"与历年报告的雷同情况"指标。评估结果显示，86.49%的省直部门、单位，16家市政府和69.34%的县（市、区）政府在年度报告主动公开政府信息的情况方面未出现与近三年年度报告雷同的情况。64.86%的省直部门、单位，93.75%的市政府和66.42%的县（市、区）政府在年度政府信息公开工作中存在的问题及改进措施方面未出现与近三年年度报告雷同的情况。

四　形式新颖性

形式新颖性指标主要包括多样化展示情况、年报配图制作情况、年报解读和统计数据分析的新颖性等指标。

评估结果显示，70.27%的省直部门、单位，87.50%的市政府和9.49%的县（市、区）政府在年度报告的制作方面，能够做到图文并茂，增强了年报的可读性。另外，25.00%的市政府和9.49%的县（市、区）政府关联发布了年度报告的解读材料。16.22%的省直部门、单位，25.00%的市政府和10.95%的县（市、区）政府在分析年报数据过程中引入了较为新颖的观察视角。

第五节　存在的主要问题

一　历年年度报告的存档和持续发布有待完善

持续公布历年年度报告，一是落实《条例》的明确要求，二是便于企业和公众分析政府信息公开工作相关统计信息。评估结果显示，18.92%的省直部门、单位，18.75%的市政府和42.34%的县（市、区）政府不注重历年年度报告的归集发布，未能在政府网站建立专栏集中完整发布本部门或本级政府2008～2017年历年的政府信息公开工作年度报告。

二 主动公开政府信息的情况内容有待丰富

部分新要求未在年度报告中体现。评估结果显示，21.62%的省直部门、单位和13.14%的县（市、区）政府未将本机关建议提案办理结果具体的公开情况纳入年度报告。12.50%的市政府和43.07%的县（市、区）政府未详细说明本年度推进重大建设项目批准和实施领域、公共资源配置领域及其他重点领域信息公开工作进展落实情况。部分单位对于重大建设项目、公共资源配置和其他重点领域信息公开工作进展情况描述过于简单，仅发布相关数据，未详细描述工作推进机制、平台建设、信息梳理等情况。

部分数据分析不够细化。评估结果显示，40.54%的省直部门、单位和50.36%的县（市、区）政府仅公开了依申请公开的总数，未对本行政机关同意公开、部分公开和不予公开政府信息的分类情况进行说明。

部分统计数据有误。评估结果显示，18.92%的省直部门、单位，12.50%的市政府和30.66%的县（市、区）政府的统计表中出现公开数大于制作数、正文相关描述与表格统计数据不符、表中部分加总数目与总和不相等等问题。

三 部分机关年度报告存在与往年报告雷同现象

本次评估重点对年度报告主动公开政府信息的情况、存在的主要问题和改进措施等方面与历年报告的雷同情况作了详细对比评估。评估结果显示，13.51%的省直部门、单位和30.66%的县（市、区）政府在年度报告主动公开政府信息的情况方面出现了与近三年年度报告雷同的情况。35.14%的省直部门、单位，6.25%的市政府和33.58%的县（市、区）政府在年度政府信息公开工作中存在的问题及改进措施方面出现了与近三年年度报告雷同的情况，个别单位甚至仅修改年份，标题和内容完全一样。

四　年度报告多形式发布和解读有待增强

一是解读方面，仅有 25.00% 的市政府和 9.49% 的县（市、区）政府能够关联发布年度报告的解读材料。二是数据分析方面，仅有 16.22% 的省直部门、单位，25.00% 的市政府和 10.95% 的县（市、区）政府在分析年报数据过程中能够引入较为新颖的观察视角。

第六节　改进建议

一　提升对年度报告重要性的认识

《国务院办公厅政府信息与政务公开办公室关于政府信息公开工作年度报告有关事项的通知》（国办公开办函〔2019〕60号）强调：政府信息公开工作年度报告，不仅反映政府信息公开工作，也反映政府工作本身，是更好地发挥政府信息公开制度功能的重要途径。各级各部门应高度重视年度报告的编制和发布工作，真正把年度报告当成政务公开的重要工作来抓，发挥年度报告在反映工作业绩和基础数据方面的作用，切实提高工作的主动性、自觉性。

新修订的《条例》主要从发布时间和报告内容方面重新进行了规定。发布时间上，县级以上人民政府部门向本级政府信息公开工作主管部门提交本行政机关上一年度政府信息公开工作年度报告并向社会公布的截止时间，从每年3月31日提前至每年的1月31日。县级以上地方人民政府的政府信息公开工作年度报告发布时间不变。报告内容上，规定了政府信息公开工作年度报告应当包括行政机关主动公开政府信息的情况、行政机关收到和处理政府信息公开申请的情况、因政府信息公开工作被申请行政复议、提起行政诉讼的情况、政府信息公开工作存在的主要问题及改进情况（各级人民政府的政府信息公开工作年度报告还应当包括工作考核、社会评议和责任追究结果情况）以及其他需要报告的事项。在下一步的编制和发布工作中，要认真学习新修订的《条例》新要求，持续做好年度报告的发布工作。

二　持续完善细化年度报告内容

国务院办公厅在《国务院办公厅政府信息与政务公开办公室关于政府信息公开工作年度报告有关事项的通知》（国办公开办函〔2019〕60号）中给出了《中华人民共和国政府信息公开工作年度报告格式（试行）》，并鼓励按照统一格式发布2019年政府信息公开工作年度报告。

年度报告内容需严格按照新修订的《条例》第50条的规定，主动公开政府信息的情况，要突出重点，从工作推进机制、平台建设、数据统计等方面对人民群众较为关注、对社会影响较大的政府信息主动公开情况进行报告，并注重用数据反映情况。收到和处理政府信息公开申请，在数据准确、要素齐备的基础上，尽可能细化相关分类，全面展示本机关政府信息公开申请和处理工作的相关动态，推进政府依法行政建设。

三　实事求是认真总结年度工作

本次评估发现的年度报告部分内容年年雷同问题，主要原因如下：一是对年度报告的重视程度和认识程度不够，敷衍了事；二是没有认真总结本年度政府信息公开工作的成果和问题。无论是旧的年度报告格式还是新的，均要求报告政府信息公开工作存在的主要问题及改进情况，该部分内容需实事求是、认真总结，坚持问题导向和目标导向相结合，深入查找，主要问题要找得准，改进建议要提得实。

另外，除了要实事求是、认真总结主要问题外，还需要切实整改。《2018 年山东省政府信息公开工作年度报告》专门用一小节内容向社会报告了 2017 年年度报告中提出问题的整改落实情况，真正践行了整改落实是根本，也为各级各部门树立了优秀典型。

四　加强对年度报告的宣传和解读

年度报告向社会发布就是要确保群众看得见、看得懂，在年度报告中增加一些通俗化、形象化的展现形式，能够更好地让公众看懂年度报告的内容。另外，增加一些数据分析视角，相比单纯的文字叙述，特别是主动公开政府信息情况，会显得更直观、形象、生动、具体，增加一些统计图可以使复杂的统计数字简单化、通俗化、形象化，使人一目了然，便于理解和比较。所以鼓励各级各部门在年度报告中灵活运用数据统计分析和统计图表，更好地展现年度报告内容。

政务公开工作本身就是要让不同层次的群众通过不同渠道方便地获取政府信息，同样，对于年度报告的发布，也需要从发布形式上进行创新。在发布文字稿件的同时，可以尝试通过图文、电子杂志、音频视频、动漫、H5 等多种形式进行发布，加强年度报告宣传和解读的效果。

第二章 政府信息公开指南发布 情况评估报告

政府信息公开指南（以下简称"公开指南"）是政府信息公开专栏要素之一，同时组织编制本行政机关的公开指南也是政府信息公开工作机构的具体职能之一。新修订的《条例》第 12 条明确要求，行政机关编制、公布的政府信息公开指南和政府信息公开目录应当及时更新。政府信息公开指南包括政府信息的分类、编排体系、获取方式和政府信息公开工作机构的名称、办公地址、办公时间、联系电话、传真号码、互联网联系方式等内容。政府信息公开目录包括政府信息的索引、名称、内容概述、生成日期等内容。

为督促和规范各级各部门公开指南的编制和更新，2019 年 7 ~ 8 月，评估工作组对各级各部门的公开指南发布和更新情况开展了专项评估。

第一节 评估依据

本次评估的依据主要包括但不限于以下内容：

◇《中华人民共和国政府信息公开条例》（2007 年 4 月 5 日中华人民共和国国务院令第 492 号公布，2019 年 4 月 3 日中华人民共和国国务院令第 711 号修订）

◇《国务院办公厅关于印发 2019 年政务公开工作要点的通知》

（国办发〔2019〕14 号）

◇《山东省人民政府办公厅关于印发 2019 年山东省政务公开工作要点的通知》（鲁政办发〔2019〕15 号）

第二节　评估指标

评估指标体系为三级树形结构，包括 2 个一级指标："可获取性""内容完整性"，权重分别为 20% 和 80%。

一　省直部门、单位

省直部门、单位的公开指南评估指标体系如表 2 – 1 所示。

表 2 – 1　公开指南发布情况评估指标体系（省直部门、单位版）

一级指标	二级指标	三级指标
可获取性（2）	指南公开情况（1）	是否在政府网站公开本部门政府信息公开指南（0.5）
		是否提供政府信息公开申请表下载（0.5）
	更新及时性（1）	是否及时动态更新指南（1）
内容完整性（8）	主动公开政府信息情况（2）	是否说明主动公开政府信息的分类和编排体系（1）
		是否说明主动公开政府信息的获取方式（包括公开形式、公开时限等）（1）
	依申请公开政府信息情况（4）	是否说明提出申请的方式（依申请公开受理渠道说明）（1）
		是否说明申请处理的情况，并公开本机关处理政府信息公开申请流程图（1）
		是否说明依申请公开的收费标准（0.5）
		是否说明政府信息公开申请受理机构的名称、办公地址、办公时间、联系电话、传真号码、互联网联系方式等信息（1.5）

续表

一级指标	二级指标	三级指标
内容完整性（8）	政府信息公开工作机构信息（1）	是否说明政府信息公开工作机构的名称、办公地址、办公时间、联系电话、传真号码、互联网联系方式等信息（1）
	监督与救济渠道（1）	是否说明监督与救济渠道信息，包括监督与救济渠道的机构名称、电话、传真、邮箱、办公地址、邮政编码、接待时间等信息（1）

二　市政府

市政府的公开指南评估指标体系如表2-2所示。

表2-2　公开指南发布情况评估指标体系（市政府版）

一级指标	二级指标	三级指标
可获取性（2）	指南公开情况（1.5）	是否在政府网站公开本级政府信息公开指南（0.5）
		是否对本级政府、本级政府部门、单位的公开指南分级分类公开（0.5）
		是否提供政府信息公开申请表下载（0.5）
	更新及时性（0.5）	是否及时动态更新指南（0.5）
内容完整性（8）	主动公开政府信息情况（2）	是否说明主动公开政府信息的分类和编排体系（1）
		是否说明主动公开政府信息的获取方式（包括公开形式、公开时限等）（1）
	依申请公开政府信息情况（4）	是否说明提出申请的方式（依申请公开受理渠道说明）（1）
		是否说明申请处理的情况，并公开本机关处理政府信息公开申请流程图（1）
		是否说明依申请公开的收费标准（0.5）
		是否说明政府信息公开申请受理机构的名称、办公地址、办公时间、联系电话、传真号码、互联网联系方式等信息（1.5）

一级指标	二级指标	三级指标
内容完整性（8）	政府信息公开工作机构信息（1）	是否说明政府信息公开工作机构的名称、办公地址、办公时间、联系电话、传真号码、互联网联系方式等信息（1）
	监督与救济渠道（1）	是否说明监督与救济渠道信息，包括监督与救济渠道的机构名称、电话、传真、邮箱、办公地址、邮政编码、接待时间等信息（1）

三　县（市、区）政府

县（市、区）政府的公开指南评估指标体系如表2-3所示。

表2-3　公开指南发布情况评估指标体系（县〔市、区〕政府版）

一级指标	二级指标	三级指标
可获取性（2）	指南公开情况（1.5）	是否在政府网站公开本级政府信息公开指南（0.5）
		是否对本级政府、本级政府部门、单位以及所辖乡镇、街道分级分类公开（0.5）
		是否提供政府信息公开申请表下载（0.5）
	更新及时性（0.5）	是否及时动态更新指南（0.5）
内容完整性（8）	主动公开政府信息情况（2）	是否说明主动公开政府信息的分类和编排体系（1）
		是否说明主动公开政府信息的获取方式（包括公开形式、公开时限等）（1）
	依申请公开政府信息情况（4）	是否说明提出申请的方式（依申请公开受理渠道说明）（1）
		是否说明申请处理的情况，并公开本机关处理政府信息公开申请流程图（1）
		是否说明依申请公开的收费标准（0.5）
		是否说明政府信息公开申请受理机构的名称、办公地址、办公时间、联系电话、传真号码、互联网联系方式等信息（1.5）

续表

一级指标	二级指标	三级指标
内容完整性（8）	政府信息公开工作机构信息（1）	是否说明政府信息公开工作机构的名称、办公地址、办公时间、联系电话、传真号码、互联网联系方式等信息（1）
	监督与救济渠道（1）	是否说明监督与救济渠道信息，包括监督与救济渠道的机构名称、电话、传真、邮箱、办公地址、邮政编码、接待时间等信息（1）

第三节　评估对象

本次评估对象为 39 家省直部门（包括组成部门、直属特设机构、直属机构、部门管理机构和部分中央驻鲁单位），16 家市政府和 137 家县（市、区）政府。

第四节　总体结果分析

本次评估对象共计 192 家，平均得分 9.01 分，其中省直部门、单位平均得分 8.72 分，市政府平均得分 9.48 分，县（市、区）政府平均得分 9.03 分。

如图 2－1 所示，192 家评估对象中，最高分满分 10 分（13 家评估对象满分），最低分 6.3 分，全部评估对象公开指南的发布基本达到了新修订的《条例》要求，且超过半数的评估对象得分在 9 分以上，说明大多数评估对象能够根据新修订的《条例》及时完善并公开本行政机关的公开指南。

相比较而言，如图 2－2 所示，市政府的平均得分指数均高于省

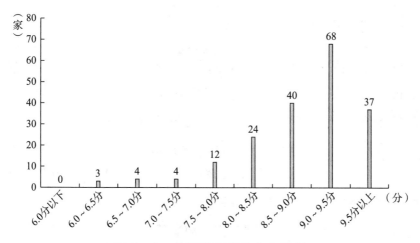

图 2 - 1　公开指南得分分布情况

直部门、单位和县（市、区）政府，说明 16 家市政府对公开指南的更新和发布工作极为重视。县（市、区）政府平均得分 9.03 分，基本达到了优秀等次。一方面，由于市政府的统一安排和部署，各县（市、区）政府均不断规范公开指南内容；另一方面，各县（市、区）政府普遍提高了对政务公开工作的认识，基层政府标准化规范化水平不断提升。

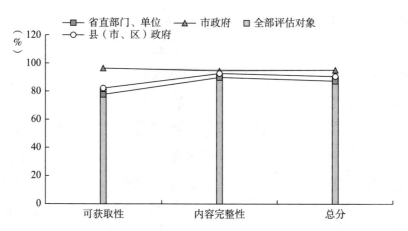

图 2 - 2　各评估对象公开指南一级指标得分指数情况

一　可获取性

指南公开情况方面，所有省直部门、单位，16家市政府和137家县（市、区）政府均在政府网站公开了本部门或本级政府的公开指南。94.87%的省直部门、单位，16家市政府和97.08%的县（市、区）政府在公开指南附件中提供了政府信息公开申请表的下载链接。另外，16家市政府均能够将本级政府和本级政府部门、单位的公开指南分级分类公开。54.01%的县（市、区）政府能够将本级政府、本级政府部门、单位以及所辖乡镇、街道的公开指南分级分类公开。

更新及时性方面，30.77%的省直部门、单位，75.00%的市政府和36.50%的县（市、区）政府能够根据新修订的《条例》和机构改革情况及时调整更新并公开本行政机关的公开指南。

二　内容完整性

主动公开政府信息情况方面，71.79%的省直部门、单位，62.50%的市政府和77.37%的县（市、区）政府在公开指南中说明了本行政机关主动公开政府信息的分类和编排体系情况。92.31%的省直部门、单位，16家市政府和所有县（市、区）政府均说明了本行政机关主动公开政府信息的获取方式，包括公开形式、公开时限等。

依申请公开政府信息情况方面，所有省直部门、单位，16家市政府和97.81%的县（市、区）政府详细说明了向本行政机关提出申请的方式，即依申请公开受理渠道的说明。35.90%的省直部门、单位，87.50%的市政府和75.18%的县（市、区）政府详细说明了本机关申请处理的情况，并公开本机关处理政府信息公开申请流程图。87.18%的省直部门、单位，68.75%的市政府和75.18%的县（市、区）政府按照省政府办公厅要求说明了依申请公开的收费标准，即

"本机关依申请提供政府信息，不收取费用。但是，申请人申请公开政府信息的数量、频次明显超过合理范围的，本机关可以收取信息处理费，具体标准按照有关规定执行"。84.62% 的省直部门、单位，87.50% 的市政府和 75.18% 的县（市、区）政府详细列出了本行政机关政府信息公开申请受理机构的名称、办公地址、办公时间、联系电话、传真号码、互联网联系方式等信息。

政府信息公开工作机构信息方面，92.31% 的省直部门、单位，16 家市政府和 95.62% 的县（市、区）政府在公开指南中提供了本行政机关政府信息公开工作机构的名称、办公地址、办公时间、联系电话、传真号码、互联网联系方式等信息。

监督与救济渠道方面，92.31% 的省直部门、单位，16 家市政府和 97.81% 的县（市、区）政府在公开指南中明确告知了监督与救济渠道的机构名称、电话、传真、邮箱、办公地址、邮政编码、接待时间等信息，接受公众监督。

第五节　存在的主要问题

一　公开指南的分级分类公开有待加强

评估结果显示，45.99% 的县（市、区）政府将本级政府、本级政府部门、单位以及所辖乡镇、街道公开指南全部堆放在同一个目录或栏目下，未分级分类公开，极不方便查询。甚至部分县（市、区）政府部门将本部门的办事指南也放到公开指南目录下。

二　部分公开指南更新不及时

新修订的《条例》第 12 条规定，行政机关编制、公布的政府信息公开指南和政府信息公开目录应当及时更新。评估结果显示，

69.23%的省直部门、单位，25.00%的市政府和63.50%的县（市、区）政府未能根据新修订的《条例》和机构改革情况及时调整更新并公开本行政机关的公开指南。一是内容仍然保留着依申请公开的"三需要"，或是办理时限仍为15个工作日，或是仍然保留收费相关标准；二是流程图依旧保留着旧《条例》相关条款内容。

三 申请处理过程和流程图公开率较低

在公开指南中详细说明公民或企业申请处理的整个过程或提供相关流程图，能够增强政府透明度，更好接受社会监督。评估结果显示，64.10%的省直部门、单位，12.50%的市政府和24.82%的县（市、区）政府未在公开指南中说明本机关申请处理的情况或公开本机关处理政府信息公开申请流程图。

四 依申请公开的收费标准有待进一步明确

按照新修订的《条例》第42条要求，行政机关依申请提供政府信息，不收取费用。但是，申请人申请公开政府信息的数量、频次明显超过合理范围的，行政机关可以收取信息处理费。评估结果显示，12.82%的省直部门、单位，31.25%的市政府和24.82%的县（市、区）政府未提供相关说明。

五 申请受理机关通信信息需进一步完善

评估结果显示，15.38%的省直部门、单位，12.50%的市政府和24.82%的县（市、区）政府未说明本机关政府信息公开申请受理机构情况或是办公地址、办公时间、联系电话、传真号码、互联网联系方式等，通信信息不全面或不准确。

第六节　改进建议

一　做好分级分类，优化公开指南专栏设置

"公开不公开是态度问题，而如何公开、公开得如何则属于操作问题。"政务公开应坚持便民利民的原则，要让群众看得到、听得懂、易获取、能监督、好参与。《国务院办公厅政府信息与政务公开办公室关于规范政府信息公开平台有关事项的通知》（国办公开办函〔2019〕61 号）也明确要求："政府信息公开平台内容主要由四部分组成。一是政府信息公开指南。"下一步，建议由各市政府或各县（市、区）政府统一在门户网站相关专栏分级分类公开本级政府和本级政府部门的公开指南，县（市、区）政府还要整合所辖各乡镇、街道的公开指南，真正做到公开便民。

二　坚持标准引领，统一公开指南内容格式

各级各部门公开指南的编制不规范，特别是基层政府，由于专业水平和认识程度不同，公开指南的编制质量也参差不齐，甚至部分公开指南没有完全覆盖新修订的《条例》规定内容。下一步，建议基层政府按照省政府办公厅和各市政府公开指南格式模板，结合新修订的《条例》要求和依申请公开实践，规范发布本行政机关的公开指南，统一要求、统一标准，促进基层政务公开的标准化规范化建设。

三　加强日常监管，及时更新公开指南内容

新修订的《条例》第 12 条规定，行政机关编制、公布的政府信息公开指南和政府信息公开目录应当及时更新。下一步，各级政府需

强化对公开指南的日常监管，将非公开指南的信息从公开指南专栏中及时删除或更正；对于长期不更新的，及时督促相关部门或单位完善更新。建议各级政府将公开指南的更新情况纳入政务公开绩效考核体系和日常考核，切实提升各级各部门对公开指南的重视程度。

第三章　公共企事业单位信息公开
研究报告

公共企事业单位是政府履行公共服务职能的重要载体，与公众生产生活息息相关，与经济社会发展紧密相连。为推动各级公共企事业单位信息公开工作，2019 年山东省政务公开第三方评估将省、市、县三级共计 344 家公共企事业单位纳入了评估范围，主要评估各公共企事业单位网上信息公开的情况。

第一节　相关政策研究

我国公共企事业单位推行信息公开是在 2000 年左右，继村务公开、厂务公开等"阳光工程"后，医院、学校以及其他与群众利益密切相关的公用事业单位也开始推行办事公开制度。2007 年 6 月 29 日，全国公共企事业单位办事公开工作电视电话会议召开，会上明确要求：推进公共企事业单位办事公开，必须坚持党委统一领导、政府主抓、政务公开工作领导机构组织协调的工作机制。各地区要研究制定统一的规范性文件完善办事公开的具体制度组织编制办事公开目录。2008 年 5 月 1 日，《条例》的正式施行也标志着我国公共企事业单位信息公开走向了法治化的轨道。

一 《条例》和《意见》明确要求

公共企事业单位信息公开的要求，最早规定在旧《条例》中，"教育、医疗卫生、计划生育、供水、供电、供气、供热、环保、公共交通等与人民群众利益密切相关的公共企事业单位在提供社会公共服务过程中制作、获取的信息的公开，参照本条例执行，具体办法由国务院有关主管部门或者机构制定"。2019 年首次对旧《条例》进行了修订，去掉了"参照执行"，规定"教育、卫生健康、供水、供电、供气、供热、环境保护、公共交通等与人民群众利益密切相关的公共企事业单位，公开在提供社会公共服务过程中制作、获取的信息，依照相关法律、法规和国务院有关主管部门或者机构的规定执行。全国政府信息公开工作主管部门根据实际需要可以制定专门的规定"。将公共企事业单位信息公开作为相关主管部门的行政监管事项，交由其他相关法律法规和主管部门的文件进行调整，不再参照适用《条例》。这也是新修订的《条例》在公共企事业单位信息公开方面的一个重大调整。

另外，作为我国全面推进政务公开工作的标志，《关于全面推进政务公开工作的意见》也明确要求：大力推进公共企事业单位办事公开，行业主管部门要加强分类指导，组织编制公开服务事项目录，制定完善具体办法，切实承担组织协调、监督指导职责。《实施细则》中也明确规定，"公共企业事业单位参照执行"。所以，从国家法律和政策角度看，公共企事业单位信息公开已被纳入全面推进政务公开工作大局，并且作为其中一项重要任务来抓。

二 自上而下分领域推进特征明显

近年来，随着新修订的《条例》实施和公众对政务公开认识的深入，公共企事业单位信息公开逐步受到重视。2000 年以来，作为主管部门的国务院各部门也制定了一些法规或规范性文件，推进各自领域的公共企事业单位信息公开工作，表现出明显的"自上而下分领域推进"特征。其中，较为突出的包括医疗机构的信息公开、教育机构的信息公开以及供水、供气、供热等公用事业单位信息公开等。

（一）医疗机构信息公开

医疗卫生事业是群众最关切的民生，事关千家万户。近年来，我国不断深化医药卫生体制改革，加快医药卫生事业发展，适应人民群众日益增长的医药卫生需求。现阶段，医患关系紧张、医疗纠纷频发等在一定程度上是由于医患信息不对称，而推进医疗机构信息公开是缓解这一现象的重要举措。

2006 年，国家卫生部发布了《卫生部关于全面推行医院院务公开的指导意见》（卫医发〔2006〕428 号），该意见把医院院务公开作为医疗机构管理的一项基本制度，并在全国全面推行。从向社会公开、向患者公开和向内部职工公开三个方面界定了院务公开的内容。同时要求到 2007 年底前，全国县级（二级）以上医院应普遍实施医院院务公开；2008 年底前，全国各级各类医疗机构基本实现医院院务公开，从此揭开了在全国范围内全面推行医院院务公开的序幕。

2009 年，国家卫生部为进一步推动和规范医疗机构院务公开工作，促进医疗机构民主科学管理，提高医疗服务能力，构建和谐的医患关系，印发了《医疗机构院务公开监督考核办法（试行）》（卫医政发〔2009〕122 号）。该办法从日常监督、定期考核和院务公开奖惩等方面对院务公开的监督考核工作作了明确规定，要求院务公开定期考核每年进行 1 次，卫生行政部门应当在考核结束后对考核结果进行公示，接受社会监督。

2010 年，国家卫生部以卫生部令的形式发布了《医疗卫生服务单位信息公开管理办法（试行）》（中华人民共和国卫生部令第 75 号），该办法对医疗卫生服务单位和信息的概念进行了明确，将医疗卫生服务单位界定为从事疾病诊断治疗、疾病预防控制、健康教育、妇幼保健、精神卫生、采供血和卫生技术服务等医疗卫生服务活动的单位。

2015 年，坚持标准引领，为加强医疗机构信息公开规范性，国家卫生计生委办公厅下发了《关于印发医院、计划生育技术服务机构等 9 类医疗卫生机构信息公开目录的通知》（国卫办政务发〔2015〕12 号），对卫生计生综合监督执法机构、疾病预防控制机构、医院、妇幼保健机构、社区卫生机构、乡镇卫生院、计划生育技术服务机构、血站和健康教育机构信息公开工作的类型类别、信息名称、基本内容、公开途径等进行了规范，主要用于指导各级各类卫生计生服务机构编制公开服务指南，方便群众了解使用机构设置、职能、工作规则、办事程序、服务内容、服务承诺、收费项目、监督渠道等信息。

2016 年，国家卫生计生委发布了《关于全面推进卫生计生政务公开工作的实施意见》（国卫办发〔2016〕30 号），明确提出要求："继续深入推进医疗机构、血站、疾控机构等 9 类医疗卫生服务机构的信息公开，对本地区、本单位公共服务事项进行全面梳理，列出目录并进行动态调整，逐项编制办事指南，并向社会公开。不断拓展院务公开范围，细化院务公开的内容和方式，紧密结合行风建设、医疗服务管理、医疗机构综合评价等专项工作，指导各地继续推进院务公开工作。"在全面推进政务公开工作的同时，统筹推进医疗机构院务公开工作。

（二）教育机构信息公开

教育是民族振兴和社会进步的基石，教育领域的信息公开工作一直立足于办好人民满意的教育，紧扣利益关系直接、现实矛盾突出的事项，进一步推进教育信息公开。近几年，围绕公众普遍关注的招生、收费、就业等方面，不断推进校务公开工作。《国家中长期教育改革和发展规划纲要（2010～2020年）》明确提出，"加强信息公开和社会监督。完善考试招生信息发布制度，实现信息公开透明，保障考生权益，加强政府和社会监督。公开高等学校招生名额分配原则和办法，公开招生章程和政策、招生程序和结果，公开自主招生办法、程序和结果。加强考试招生法规建设，规范学校招生录取程序，清理并规范升学加分政策。强化考试安全责任，加强诚信制度建设，坚决防范和严肃查处考试招生舞弊行为。……完善教育信息公开制度，保障公众对教育的知情权、参与权和监督权"。

教育收费方面，早在2002年，国家计委、财政部、教育部就联合印发了《教育收费公示制度》（计价格〔2002〕792号），宣布在全国各级各类学校实行教育收费公示制度，各学校应通过设立公示栏、公示牌、公示墙等形式，向社会公布收费项目、收费标准等相关内容，便于社会监督学校严格执行国家教育收费政策。2012年，教育部、国家发展改革委、审计署又联合印发了《治理义务教育阶段择校乱收费的八条措施》，明确提出要向社会公开各义务教育学校性质、办学规模、经费来源、招生计划、招生条件、招生范围、招生时间、录取办法，主动接受社会监督。

义务教育学校信息公开方面，2010年，教育部下发了《关于推进中小学信息公开工作的意见》，要求全国中小学建立信息公开制度，重点主动公开学校招生计划、范围、对象以及学校收费项目等，具体包括学校机构职能、联系方式等；学校招生的计划、范围、对象，非义务教育阶段学校的报考条件、录取办法；学校收费的类别、项目、标准、依据、范围、计费单位和批准机关以及监督电话；学校经费收支情况；学生住宿、用餐、组织活动等服务事项及安全管理情况等。在信息公开的形式上，中小学要优先利用学校网站。

高等学校信息公开方面，2010 年，《高等学校信息公开办法》（中华人民共和国教育部令第 29 号）以部令的形式发布实施，作为深入推进高校信息公开工作的一项重要举措，信息公开成为高等院校的法定义务，同时也标志着高等院校信息公开进入了法治化阶段。2013 年，教育部印发了《关于进一步推进高校招生信息公开工作的通知》（教学函〔2013〕9 号），对高校招生信息公开工作作了进一步细化要求和部署，要求各省级教育行政部门、招生考试机构和高等院校进一步扩大信息公开范围，规范公开程序和内容，提高信息公开时效，做到高校招生信息"十公开"。2014 年，教育部公布了《高等学校信息公开事项清单》（教办函〔2014〕23 号），清单共有十大类 50 项，涉及招生考试信息、高校财务、资产及收费等社会普遍关注的事项，并要求教育部直属高校制订落实细化方案，明确清单各事项的公开时间、责任机构和责任人。

（三）供水、供气、供热等公用事业单位信息公开

2008 年，国家住房和城乡建设部印发了《关于印发〈供水、供气、供热等公用事业单位信息公开实施办法〉的通知》（建城〔2008〕213 号），要求在各自职责范围内确定主动公开的信息目录、信息公开指南和信息公开具体内容，并界定了企业概况、服务信息和与供水、供气、供热服务有关的规定、标准等重点公开内容。要求各公用事业单位应当将主动公开的信息通过企业网站、公开栏、办事大厅、电子显示屏、便民资料、新闻媒体、信息发布会、咨询会、论证会等一种或多种便于公众知晓的形式公开。发生停水、停气、停热等紧急情况时，应当将有关信息及时在用户所在地公开。

三　年度政务公开工作要点重点部署

自 2012 年开始，国务院办公厅每年都会印发当年的政务（政府信息）公开工作要点，部署当年度的政务（政府信息）公开工作。从历年发布的工作要点来看，如表 3 - 1 所示，除了 2014 年和 2015 年未作专门部署以外，基本上每年都会强调公共企事业单位信息公开工作。2019 年更是提出，"国务院相关部门要建立健全本行业本系统公共企事业单位信息公开制度，并加强指导监督"。

表 3 - 1　国务院办公厅发布的年度政务公开工作要点摘选

序号	年度	年度工作要点内容摘选
1	2012	加强对垄断行业和公共企事业单位有关价格行为的监管，把信息公开作为一项重要内容，依法完善公开制度
2	2013	推动以教育为重点的公共企事业单位信息公开。一是进一步扩大高校招生信息公开范围。重点加强招收保送生、具有自主选拔录取资格考生、高水平运动员、艺术特长生等有关政策和信息的公开工作，加大对考生资格及录取结果的公开公示力度。二是加大高校财务信息公开力度。推动各高校公开预算决算信息，并细化公开至项级科目。三是逐步扩展公共企事业单位信息公开范围。重点做好推进医疗卫生机构、科研机构、文化机构和国有企业信息公开的研究工作
3	2016	推进公共企事业单位办事公开，国务院相关行业主管部门年内要制定完善具体办法，组织编制公共服务事项目录，公开服务指南，方便企业和群众办事
4	2017	建立企业环境信息公开统一平台，集中发布重点排污单位环境信息
5	2018	建立健全公共企事业单位信息公开制度。国务院教育、生态环境、文化和旅游、卫生健康、住房保障、社会救助和社会福利等主管部门要于年底前分别制定完善相关领域公共企事业单位信息公开制度。县级以上地方政府要督促有关部门履行监管职责，加强分类指导，组织编制公共企事业单位公开事项目录，建立完善公开考核、评议、责任追究和监督检查具体办法，切实推进公共企事业单位信息公开工作
6	2019	国务院相关部门要建立健全本行业本系统公共企事业单位信息公开制度，并加强指导监督

第二节　山东省评估情况

一　评估依据

◇《中华人民共和国政府信息公开条例》（2007年4月5日中华人民共和国国务院令第492号公布，2019年4月3日中华人民共和国国务院令第711号修订）

◇《国务院办公厅关于印发2019年政务公开工作要点的通知》（国办发〔2019〕14号）

◇《交通运输公共企事业单位信息公开指导意见》（交办发〔2008〕350号）

◇《供水、供气、供热等公用事业单位信息公开实施办法》（国办发〔2008〕36号）

◇《环境保护部关于印发〈环境保护公共事业单位信息公开实施办法（试行）〉的通知》（环发〔2010〕82号）

◇《高等学校信息公开办法》（中华人民共和国教育部令第29号）

◇《企业事业单位环境信息公开办法》（环境保护部令第31号）

◇《高等学校信息公开事项清单》（教办函〔2014〕23号）

◇《医疗机构院务公开监督考核办法（试行）》（卫医政发〔2009〕122号）

◇《教育部关于推进中小学信息公开工作的意见》（教办〔2010〕15号）

◇《关于推进中央企业信息公开的指导意见》（国资发〔2016〕315号）

◇《山东省人民政府办公厅关于印发 2019 年山东省政务公开工作要点的通知》（鲁政办发〔2019〕15 号）

二　评估对象

7 家省属公共企事业单位（随机抽取 2 家省属高校、2 家省属医院、1 家省属交通、公路等具有行政执法职能或受委托行使执法权的公共企事业单位和 2 家省属国有企业）、64 家市属公共企事业单位（随机抽取 32 家市属医院和 32 家市属供水、供电、供气、供热等公用事业单位）和 273 家县属公共企事业单位（随机抽取 137 家县属义务教育学校和 136 家县属医院）。

三　评估指标

本次评估对公共企事业单位和国有企业（以下简称"公共企事业单位"）采用专项评估的形式，差别化制定了针对不同领域、行业企事业单位信息公开的评估指标体系，指标体系主要包括"基本信息""重点信息"两大一级指标，具体指标如图 3 - 1 所示。

基本信息主要是公共企事业单位的机构设置、工作职能、领导信息、联系方式、应急管理、采购信息等基本概况，行业性政策法规、内部规章制度、重大事项等政策法规信息，以及办事指南、便民服务电话等办事信息。

重点信息主要是根据各企事业单位所属行业特点，设置专项评估指标。高校信息公开主要包括招生信息、收费信息、财务信息和年度报告发布情况等，义务教育学校主要包括招生管理、财务信息、经费管理和教学科研工作情况，医疗机构主要包括医疗服务、医院环境和行风建设情况信息公开，水电气热单位主要包括办事服务、收费信息、公共服务、监督投诉等信息公开情况，公共交通、

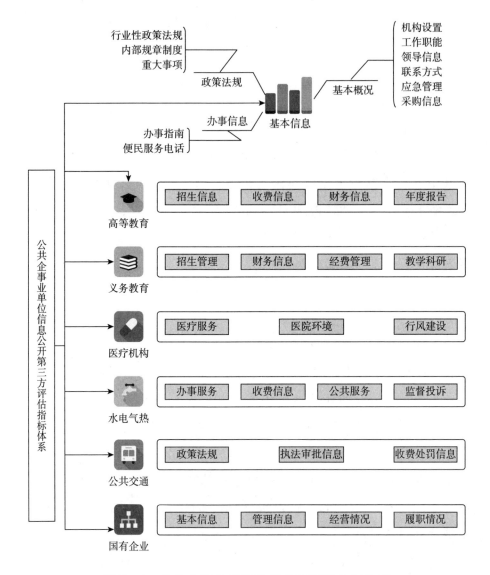

图 3 - 1　公共企事业单位信息公开评估指标体系

公路等执法单位主要包括相关政策法规、执法审批信息和收费处罚信息公开情况，国有企业包括企业基本信息、管理信息、经营情况和履职情况等。

四 结果分析

（一）得分分析

本次评估对象共计 344 家公共企事业单位，总体平均得分为78.03 分，其中，基本信息指标得分指数 80.25%，重点信息指标得分指数 76.55%，整体上基本达到了合格等次。

从整体上看，如图 3 - 2 所示，各级公共企事业单位信息公开评估得分出现了较为明显的两极分化现象，40.70% 的单位得分超过了90 分，15.99% 的单位得分低于 60 分。这说明，各级各部门对于所属公共企事业单位的重视程度和监督指导力度差异较大，重视程度越高，监督指导力度越大，公共企事业单位信息公开水平越高。

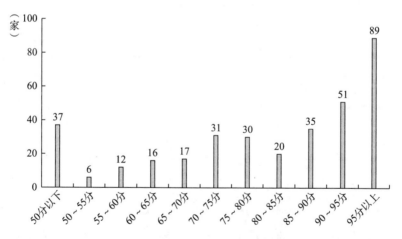

图 3 - 2 公共企事业单位信息公开评估得分分布情况

从所属领域看，由于公共交通和国有企业仅选取了省属的 3 家，排除在分析范围外，仅对教育、医疗卫生和供水、供电、供气、供热等公用事业单位三个领域进行分析，如图 3 - 3 所示。

供水、供电、供气、供热等公用事业单位平均得分较高。一方面，可能在于本次评估仅选取了 32 家市属的供水、供电、供气、供

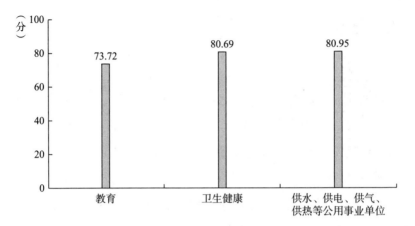

图 3 - 3　各领域公共企事业单位信息公开评估平均得分情况

热等公用事业单位，其信息公开水平相对较高；另一方面，各市政府对市属公共企事业单位的监督指导力度逐年加强。

卫生健康领域平均得分 80.69 分，整体上处于良好等次。本次评估范围涵盖了 2 家省属医院、32 家市属医院和 136 家县（市、区）属医院，也是唯一涵盖省、市、县三级机构的领域，从整体得分看，39.41% 的医院得分超过了 90 分。相对而言，医院的信息公开较为规范。

教育领域主要包括 2 家省属高校和 137 家义务教育学校，平均得分 73.72 分，45.32% 的学校信息公开得分在 90 分以上，但也有 23.74% 的学校信息公开得分低于 60 分。这说明，教育领域校务公开水平出现了较为明显的两极分化现象，特别是基层义务教育学校，有的义务教育学校甚至没有任何信息公开的平台或渠道，仅能在所属县（市、区）政府网站找到简介信息。

从所属层级看，如图 3 - 4 所示，省属公共企事业单位信息公开评估平均得分最高，达到了 95.43 分，基本处于优秀等次；市属公共企事业单位次之，平均得分接近 85 分，处于良好等次；县（市、区）属公共企事业单位评估平均得分仅有 76.13 分，处于及格水平。从该项数据分析中也可以看出,山东省公共企事业单位信息公开工作正处于由上向下逐级推进过程中。目前来看,省级和市级取得了较为明显的效果,下一步的重点还是基层公共企事业单位信息公开。

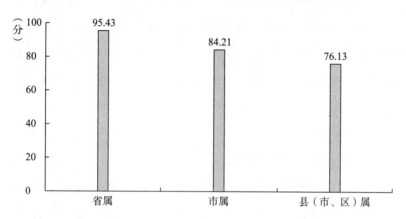

图 3-4　各级公共企事业单位信息公开评估平均得分情况

从所在地域看,各市所属公共企事业单位(包括市属和本市所辖县〔市、区〕政府属)的平均得分情况如图 3-5 所示。威海、潍坊和青岛等市所属公共企事业单位信息公开平均得分均高于 90 分,处于优秀等次,德州、泰安、济宁和日照等市所属公共企事业单位信息公开平均得分均在 80~90 分,也基本处于良好等次,其余市得分均

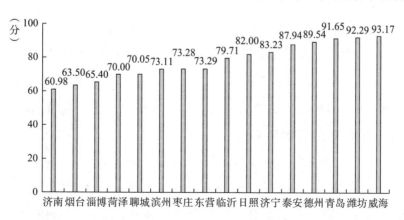

图 3-5　各市所属公共企事业单位信息公开评估平均得分情况

在80分以下，整体公共企事业单位信息公开工作有待进一步加强。

（二）指标分析

本评估指标体系主要包括"基本信息""重点信息"两大一级指标，由于本次抽取的义务教育学校、医院和供水、供电、供气、供热等公用事业单位（以下简称"水电气热单位"）的数量较多，具有较强的代表性，本部分主要对义务教育学校、医院和水电气热单位进行分析。

1. 公开平台建设

从公开平台建设看，78.13%的市属医院建立了本单位的网站，其余市属医院在市政府门户网站建立了专栏；40.63%的水电气热单位建立了本单位的网站，其余市属水电气热单位在市政府门户网站建立了专栏；10.95%的县属义务教育学校建立了本单位的网站，75.91%的县属义务教育学校在县（市、区）政府门户网站建立了专栏，2.19%的县属义务教育学校仅开通了微信公众号；38.97%的县属医院建立了本单位网站，58.82%的县属医院在县（市、区）政府门户网站建立了专栏。

2. 基本信息

从基本信息看，55.29%的医院、81.75%的义务教育学校和87.50%的水电气热单位能够及时公开本单位内部机构设置情况，包括机构名称和机构职能简介。94.71%的医院、81.02%的义务教育学校和96.88%的水电气热单位及时公开了本单位的主要职责权限情况。52.35%的医院、54.01%的义务教育学校和59.38%的水电气热单位及时公开了本单位主要领导名录以及分管工作情况。68.24%的医院、81.75%的义务教育学校和96.88%的水电气热单位详细公开了本单位的办公地点、联系电话、电子邮箱等联系方式信息。90.59%的医院、61.31%的义务教育学校和84.38%水电气热单位及时公开了与公众生产生活相关的突发紧急情况的应急预案、预警信息、评估结果和应对情况。98.82%的医院、60.58%的义务教育学校和81.25%的水电气热单位在本单位公开平台和本地区公共资源交易平台及时公开发布了用于社会公共服务的重大项目招投标情况和重要物资设备采购情况。

从政策法规情况看，89.41%的医院、72.99%的义务教育学校和78.13%的水电气热单位公开了本领域的行业性政策、法律、法规以及各种惠民政策及贯彻落实情况等。89.41%的医院、76.64%的义务教育学校和87.50%的水电气热单位及时公开了本单位工作规则、行为准则、岗位职责、服务标准等规章制度建设情况。90.59%医院、65.69%的义务教育学校和93.75%的水电气热单位及时公开了与公众利益密切相关的决定、方案、标准等重大事项的制定出台及调整变动情况。

从办事服务情况看，92.94%的医院、56.20%的义务教育学校和90.63%的水电气热单位主动公开了本单位办事依据、办理条件、办理时限、办理流程、办事结果以及需提交申请材料的示范文本等。97.06%的医院、83.94%的义务教育学校和100%的水电气热单位主动公开本单位的便民服务电话，方便公众办事。

3. 重点信息

义务教育学校信息公开方面，81.02%的义务教育学校及时公开学校招生的计划、范围、对象。68.61%的义务教育学校及时公开本年度招生结果。68.61%的义务教育学校按规定公开了本校2019年财政预算信息，67.15%的义务教育学校按规定公开了本校2018年财政决算信息。64.96%的义务教育学校及时公开了本校奖学金、助学贷款、助学金、勤工俭学和学费减免的申请条件、审批程序和结果。68.61%的义务教育学校公开了本校收费的类别、项目、标准、依据、范围、计费单位和批准机关以及监督电话，并且及时发布了本校经费收支情况，学校资产和受赠物的管理使用情况。72.99%的义务教育学校公开了本校教学科研工作的有关规定，73.72%的义务教育学校还公开了本校课程设置方案与教学计划及执行情况，及时公开了本校的教学科研信息。

医院信息公开方面，91.18%的医院公开了本院临床、医技科室名称、服务内容等基本情况。80.59%的医院公开了本院专科、专业门诊服务内容、特色、出诊专家姓名、专长及出诊时间等就诊信息。45.29%的医院公开了本院门诊、急诊服务时间，办理入出院时间，住院查房时间、探视时间等服务时间信息。83.53%的医院公开了本院门诊、急诊挂号，就诊、取药、缴费等事项的流程与服务地点。79.41%的医院公开了本院预约挂号的时间、流程与方法。52.94%的医院公开了本院留观、入院、出院、转科、转院等的服务流程。48.82%的医院提供了常见疾病健康教育、合理用药咨询服务的时间、地点。62.94%的医院公开了本院周边公共交通线路、停靠站名、院外周边停车场位置。97.06%的医院公开了本院有关加强医德医风建设的有关规定。65.29%的医院公开了病人权利和义务的主要内容。96.47%的医院公开了本单位接受捐赠资助的情况和受赠受助财产的使用管理情况。80.00%的医院公开了上级卫生行政部门和本院服务监督部门的投诉电话和信箱。

水电气热单位办事公开方面，78.13%的水电气热单位向社会公布了本单位价格听证和服务承诺等制度建设情况。56.25%的水电气热单位公开了本单位代收代办项目的服务范围、站点和承诺等。90.63%的水电气热单位公开了本单位收费项目的依据、标准和实效。71.88%的水电气热单位及时公开了本单位公共服务调整计划和措施，重要设备建设、维修以及故障处理信息。87.50%的水电气热单位向社会公开了相关监督投诉渠道。

第三节　存在的主要问题

一　公开内容过于指标化，存在生搬硬套指标现象

2019 年，山东省首次将公共企事业单位纳入第三方评估范围，由于在指标设置征求意见阶段就将指标的全部内容下发至各级各部门，部分公共企事业单位出现了应付评估现象，仅公开指标要求的内容，且是"对标式"的公开。评估指标体系仅是针对公共企事业单位办事和公众关注的重点，筛选了部分内容作为指标的一部分，并不是公共企事业单位需要公开的全部信息。评估发现，部分公共企事业单位借助政府门户网站建立了公开目录，而目录与指标体系完全一致，每个指标发布一条信息，全是总结性的描述内容，甚至将动态类的信息静态化，考察其单位网站，却找不到任何相关目录或信息。这种现象在一定程度上背离了评估工作组对公共企事业单位评估的初衷。

二　公开平台建设不规范，部分仍以新闻宣传为主

评估发现，各市各县（市、区）本级公共企事业单位信息公开平台建设不尽相同，部分有单位网站，部分有单位的公众号，还有部分没有任何有效公开平台。有的市或县（市、区）在门户网站建立了"公共企事业单位信息公开专栏"，给每个单位建立了相关公开目录；有的市或县（市、区）仅在"公共企事业单位信息公开专栏"中提供了各单位的链接；有的市或县（市、区）在门户网站政府信息公开目录下分领域分类分散公开了公共企事业单位的部分信息；还有的市或县（市、区）未建立相关目录和专栏，需要公众自行检索公共企事业单位的网站或微信公众号。即使建立了网站的公共企事业单位，也有部分单位网站基本被新闻动态信息占据，有效的办事信息或公众关

注的信息少之又少。

三 基本信息公开不全面，公开的自觉性有待提升

基本信息评估旨在引导各公共企事业单位及时公开本单位的基本概况、政策法规、规章制度和办事信息等基础内容。评估中发现，部分公共企事业单位仅公开了单位的简介，主要包括单位的性质、历史沿革、人员情况、单位宗旨等概况信息，对于公众关心的一些基本信息（如内部机构设置、领导名录及分管工作、内部工作规则、重大设备采购情况等）公开较少。基本信息公开不全面，也在一定程度上反映了部分公共企事业单位信息公开的自觉性不高。

四 重点信息公开不及时，领域信息公开差异性不足

公共企事业单位所产生的与公众的生产生活密切相关的信息，从公众需求和办事的角度，应当具有较强的时效性。评估中发现，部分公共企事业单位网站信息较为滞后，有的单位网站新闻动态信息几个月没有更新，一些政策法规栏目放置的都是几年前的信息；部分网站仅公开一些制度或办事程序，而动态类或具有时效性的信息公开不够全面，如义务教育学校经费收支情况、学校资产和受赠物的管理使用情况，医院的常见疾病健康教育、合理用药咨询服务的时间、地点信息以及水电气热单位的最新收费标准等；还有部分县（市、区）政府将所有公共企事业单位公开目录统一设置为岗位职责、民生决策、服务指南、收费项目、工作规范、办事纪律、监督渠道等，在一定程度上忽视或限制了不同领域公共企事业单位信息公开的差异性。

五 部分领域标准不明确，相关体制机制有待完善

虽然评估指标仅是一个导向，但并不等同于公开的标准，从整体

评估结果来看，各领域还是缺乏一定的公开标准。目前来看，高等教育学校、医疗机构的信息公开相比其他领域较为规范，因为这两个领域国家层面已经发布了相关的公开办法、事项清单或是考核办法等，其他与公众生产生活密切相关的领域，公开制度建设和公开标准规范还有待进一步完善和提升。另外，从体制机制上看，各级公共企事业单位对于信息公开的内涵和外延认识不足，重视程度不高。据评估工作组了解，多数单位的信息公开由办公室人员兼职负责，基本未设立专门机构或专职人员负责。多数单位也没有制定本单位信息公开的相关办法或制度。

第四节　进一步提升改进的建议

一　提高信息公开意识，完善体制机制建设

从法定义务、民主体现、公众需求等角度，充分认识公共企事业单位信息公开的意义，充分认识所掌握的信息是一种公共资源，需坚持"公开为原则，不公开为例外"，切实做到应公开尽公开。体制机制方面，需健全信息公开领导机制，提升领导重视程度。有条件的单位可以设立专门的工作机构和专职人员负责信息公开，其他单位也应尽量安排相对固定的人员负责信息公开工作。由于目前公共企事业单位信息公开立法尚不完善和具体，需要各单位结合各自领域和单位实际，制定切实可行的信息公开制度，完善单位信息公开顶层设计和制度建设。

二　规范公开平台建设，促进平台联动融合

公开平台是信息的载体，从政务公开实践可以看出，在信息社会，网站仍旧是较为重要的公开平台。从监管部门角度，为方便公

众，可以建立公共企事业单位信息公开专栏，专栏中可以简单汇总和集中发布各个领域公共企事业单位共性基础内容，或是整合一些公众关注度高的信息，并提供各个单位自身公开平台的链接。从公共企事业单位角度，建议有条件的单位建立和完善单位网站，从信息发布、办事服务和互动交流等方面进一步优化网站建设。条件不足的单位可以借助本地区政府网站建立相关专栏或目录，统一发布本单位相关信息。同时，随着新媒体的发展，鼓励各单位有效利用微信公众号或App拓宽公开渠道，深化办事服务，并与网站形成联动融合的公开平台整体。

三　制定统一公开标准，强化公开内容时效

新修订的《条例》规定，公共企事业单位信息公开应依照相关法律、法规和国务院有关主管部门或者机构的规定执行。由于目前多数领域未制定统一的信息公开标准，当务之急是尽快统一规范各领域的信息公开标准。建议由省级或市级标准化主管部门牵头，各业务主管部门配合，科学界定信息公开的范围，制定山东省各领域的信息公开标准和公开目录规范，从公开内容、主体、时限和形式等方面，自上而下地规范各级公共企事业单位的信息公开工作。特别是在公开时效性方面，要严格规范和要求各单位一些时效信息公开的及时性，避免出现"僵尸"网站。

四　加大公开监管力度，加强指导监督

从目前的情况看，各级公共企事业单位普遍缺乏主管部门的监管。2018年底，省教育厅开展了"山东教育系统政务公开第三方评估"工作，主要是对各市教育局和省属高等院校开展信息公开第三方评估工作，在一定程度上起到了较为明显的监督指导作用。所以说，

考核评估依旧是公共企事业单位信息公开的一个重要抓手，县级以上地方政府要督促有关部门履行监管职责，加强分类指导，制定完善公开考核、评议、责任追究和监督检查具体办法。各级公共企事业单位信息公开情况应持续纳入各级政府的政务公开年度考核评估范围，不断加大制度监督力度，切实推进山东省公共企事业单位信息公开工作迈上新的台阶。

第四章 依申请公开工作研究报告

2019 年 4 月 15 日，国务院总理李克强签署国务院令，公布新修订的《条例》，自 2019 年 5 月 15 日起施行，标志着实施 11 年的《政府信息公开条例》首次完成了修订。11 年来，特别是党的十八大以来，党中央、国务院和省委、省政府高度重视政务公开工作，特别是依申请公开方面，取得了较为明显的成效。

新修订的《条例》删去了申请获取相关政府信息需"根据自身生产、生活、科研等特殊需要"的"三需要"条件，并进一步明确了公开申请提出、补正申请内容、答复形式规范、征求意见程序等内容，切实保障了公民、法人或者其他组织依法获取政府信息的权利。同时，规定"多个申请人就相同政府信息向同一行政机关提出公开申请，且该政府信息属于可以公开的，行政机关可以纳入主动公开的范围"，积极拓展主动公开的范围和深度。

2018 年以来，在扩大主动公开范围方面，各地积极探索好的经验做法。例如，上海市自 2018 年开始在浦东、黄浦、普陀等区试点依申请转主动公开工作机制。各区政府和部分市级部门、单位均在门户网站设立了"依申请转主动公开"专栏，普陀区还发布了《普陀区行政机关政府信息依申请转主动公开工作实施办法（试行）》。

第一节 山东省依申请公开工作概况

主动公开方面，2008 ~ 2018 年政府信息公开工作年度报告统计显

示，山东省主动公开政府信息总数达到了 2212.89 万条，如图 4 – 1
所示。其中，省政府及各部门主动公开政府信息数 150.11 万条，各
市政府主动公开政府信息数 2062.78 万条。全省政府信息主动公开数
量逐年递增，公开范围也不断扩大。

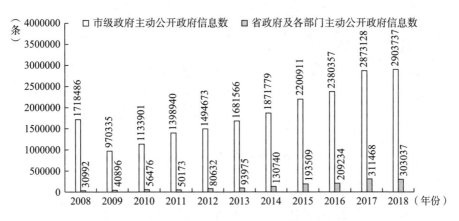

图 4 – 1　山东省主动公开政府信息情况

数据来源：山东省人民政府 2008 ~ 2018 年政府信息公开工作年度报告。下同。

　　依申请公开方面，山东省修订了《山东省人民政府办公厅政府信
息依申请公开工作规定》，进一步规范了办理流程。建立了跨处室
（科室）、跨部门、跨层级和行政与司法等不同层面的会商机制，取得
了良好实效。从申请数量来看，近五年出现了波动变化①，如图 4 – 2
所示。特别是土地征收、拆迁补偿、财政预决算、房屋登记等方面的
申请，每年都占据了较大的比重。这表明，一是山东省各级政府针对
《条例》开展了多形式、多渠道的宣传解读和普法活动，普及了社会
公众通过依申请公开渠道获取政府信息的方式；二是公众对个性化信
息的需求和政府信息知情权保障意识不断增强，依申请公开逐渐成为

---

① 2014 年，国务院办公厅印发了《国务院办公厅关于加强和规范政府信息公开情况统计报送
　工作的通知》（国办发〔2014〕32 号），规范了统计口径，不再把咨询类事项纳入依申请
　公开统计范围，因此出现了大幅减少。

有效解决政府与公众信息不对称问题的一种方式。

图4-2　全省收到政府信息公开申请数量

申请渠道方面①，总体来看，信函渠道和网络渠道是政府信息公开申请的主要渠道，分别占所有申请渠道的40%和35%，如图4-3和图4-4所示。

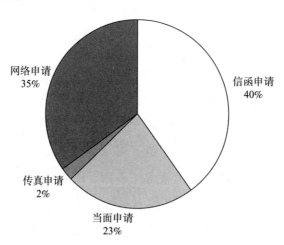

图4-3　政府信息公开申请渠道情况

---

① 根据《国务院办公厅关于加强和规范政府信息公开情况统计报送工作的通知》（国办发〔2014〕32号）要求，从2014年开始，申请渠道的统计数据规范为当面申请、信函申请、网络申请和传真申请4类，所以数据从2014年开始统计。

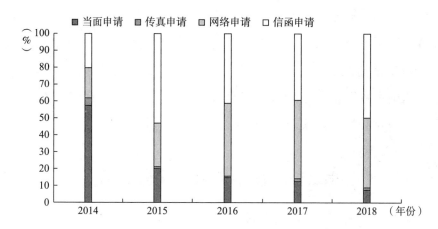

图 4 - 4　近 5 年政府信息公开申请渠道分布情况

伴随着申请数量的逐年递增，由此引发的行政复议、行政诉讼问题也不断增多。这表明，社会公众对政务公开的关注度不断提升，公众的维权意识逐步增强。特别是 2014 年以前，山东省由政府信息公开引发的行政复议和行政诉讼败诉率逐年升高，如图 4 - 5 所示，对山东省依申请公开工作带来了极大的挑战。

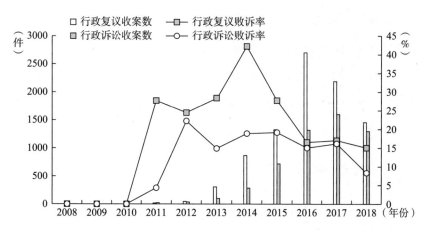

图 4 - 5　全省政府信息公开申请方面的行政复议和行政诉讼情况

自 2015 年起，山东省积极完善依申请公开程序，逐步健全了接收、登记、办理、答复等工作流程。从图 4 - 5 中可以看出，2015 年开始，虽然行政复议和行政诉讼案件数有一定增长，但行政复议和行政诉讼败诉率逐年降低，2016 年以后，行政复议和行政诉讼案件数也开始逐年递减。这表明，山东省各级政府高度重视依申请公开工作，明确和规范了依申请公开受理办理答复程序，答复规范化、合法化和专业化程度不断提升。

第二节　依申请公开评估情况

一　评估时间

2017～2018 年，均是在当年的 12 月份集中发出。2019 年，为加强日常监测，避免暗访被工作人员察觉，评估工作组从 2019 年 8 月 25 日至 12 月 31 日随机陆续发出。

二　评估方式

从 2017 年开始，采用模拟暗访方式，评估工作组以公民身份，通过在线平台和快递方式向省直部门、有关单位、各市政府（选取了 2 家市政府部门）和各县（市、区）政府（选取了 2 家）发送政府信息公开申请，对各评估对象申请渠道的畅通性和答复的规范性进行评估。

三　评估结果

（一）评估结果分析

1. 渠道畅通率

渠道畅通率主要包括在线渠道畅通率和信函渠道畅通率，在线渠道主要看能否通过政府网站在线申请平台成功提交申请，信函渠道主要看能否通过公开指南给出的相关通信信息成功投递相关信函。

近三年在线渠道和信函渠道畅通率如表 4 - 1 所示。从渠道比较，每年信函渠道畅通率均高于在线渠道，特别是 2019 年，信函渠道的畅通率达到了 100%，未发现由于通信信息退件或发送信函不成功的现象，说明信函渠道仍然是依申请公开的主渠道之一，各级各部门普遍能够及时更新本机关公开指南，并高度重视公众通过信函渠道发送的申请。

表 4 - 1　近三年在线渠道和信函渠道畅通率

单位：%

年份	在线渠道畅通率	信函渠道畅通率
2017	91.84	95.41
2018	98.44	98.96
2019	98.41	100.00

从年度比较，在线渠道和信函渠道畅通率基本处于逐年递增状况（在线渠道畅通率由于 2019 年部分政府网站改版略有下降）。这说明，各级各部门均不断畅通申请渠道，竭力保障在线申请和信函申请两个依申请公开的主渠道。

2. 答复及时性

答复及时性可以从两个角度评估，一是从办理效率角度，评估各级各部门能够在多少个工作日答复相关申请，当然该角度不能作为打分的依据；二是从法定时限角度，评估各级各部门能否在法定时限内答复相关申请。

办理效率方面，如表 4 - 2 所示，评估工作组分别统计了 2018 年和 2019 年各级各部门平均答复时间情况。2019 年新修订的《条例》实施，第 33 条将一般答复期限和延期后新增期限由旧《条例》的 15

个工作日调整为 20 个工作日。所以从总体统计数据来看，2019 年各级各部门的平均答复时间均有所上升，但值得注意的是，16 家市政府的信函渠道平均答复时间较 2018 年缩短了 1.28 天，说明市政府各部门处理申请的效率有效提升。

表 4-2　各级各部门近 2 年平均答复时间

单位：个工作日

评估对象	申请渠道	2018 年	2019 年
省直部门、单位	信函渠道	7.26	9.12
	在线渠道	10.74	11.22
市政府	信函渠道	5.87	4.59
	在线渠道	7.71	8.69
县（市、区）政府	信函渠道	7.03	8.41
	在线渠道	8.44	8.68

从不同渠道分析可以看到，各级各部门信函渠道的处理时间均短于在线渠道。其原因在于：一是在线平台的不稳定性，部分网站在线平台虽然提示"提交成功"，但政府部门并不一定能够及时收到；二是市政府和县（市、区）政府绝大多数统一了本级政府部门的在线申请平台，部分需要由市政府办公厅（室）或县（市、区）政府办公室进行转办，增加了申请处理的时间，如评估中某市政府部门电话告知申请人该部门无门户网站在线申请平台账号和密码，无法直接收到相关申请。

从不同层级政府分析可以看到，各市政府的平均答复时间基本短于省直部门、单位和县（市、区）政府。这说明，各市政府在依申请公开方面已经逐步实现了规范化，建立健全了依申请公开的受理、办理、答复、审核、反馈等各环节程序。

法定时限方面，图 4-6 是近三年各级各部门按时答复率情况。

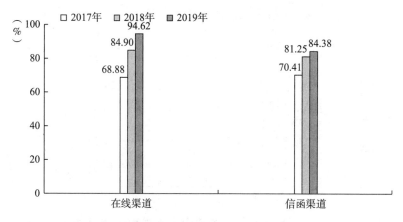

图 4 - 6 近三年各级各部门按时答复率情况

从图中可以看出，各级各部门无论是在线渠道还是信函渠道，按时答复率均稳步提升，2019 年在线渠道按时答复率已经达到了94.62%，而信函渠道按时答复率也接近85%。这说明，各级各部门能够贯彻落实新修订的《条例》要求，完善依申请公开办理工作制度，优化办理流程，突出依法依规依程序办理依申请公开，不断提升依申请公开办理水平。

3. 答复规范性

在答复规范性方面，首先行政机关需要向申请人出具书面政府信息公开告知书，从法律角度讲，行政机关还应在政府信息公开告知书上加盖单位公章。如图 4 - 7 所示，2017 年首次将 137 家县（市、区）政府纳入评估范围，无论是信函渠道还是在线渠道，能够出具书面告知书的比例均未超过半数，仅作为咨询以简单邮件答复为主。随着各级各部门对依申请公开答复规范性的重视程度提高和评估工作的不断深入，该比例逐年上升，2019 年在线渠道和信函渠道能够出具书面告知书的比例均超过了75%。

其次，新修订的《条例》第40条规定，"按照申请人要求的形式提供政府信息，可能危及政府信息载体安全或者公开成本过高的，可

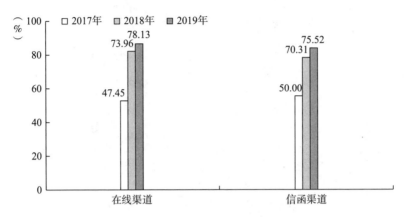

图 4 – 7　近三年各级各部门出具书面告知书情况

以通过电子数据以及其他适当形式提供，或者安排申请人查阅、抄录相关政府信息"。所以行政机关需要按照申请人要求的形式，提供政府信息。近三年的评估中，评估工作组均要求行政机关以电子邮件的形式进行答复。如图 4 – 8 所示，2017 年部分行政机关仅通过在线平台或电话答复相关申请内容，而未通过申请人要求的电子邮件形式进行答复。随着各级各部门对申请处理流程的不断规范，2019 年在线渠道已经有 91.67% 的行政机关能够严格按照申请人的要求进行答复，信函渠道该比例也达到了 85.42%。

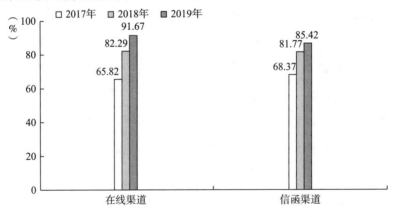

图 4 – 8　近三年各级各部门答复形式情况

最后，在告知救济渠道方面，如图 4 - 9 所示，2017 年能够在告知书中明确详细救济渠道的单位占比在 60% 左右，之后该比例逐年提升。值得注意的是，2019 年由于机构改革，部分市政府部门和县（市、区）政府政务公开工作机构和人员发生调动，但没有造成告知书不规范。这说明，各级行政机关通过制定相应的工作制度和标准，保证了依申请公开工作的专业性和延续性，确保不因人员流动造成依申请公开工作的被动。

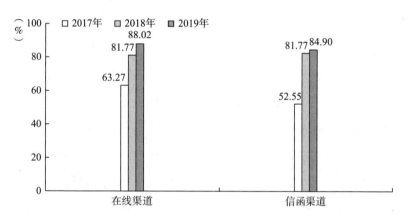

图 4 - 9　近三年各级各部门在告知书中明确详细救济渠道情况

（二）存在的主要问题

经过近几年的模拟暗访发现，各级各部门依申请公开工作在取得成绩的同时，也暴露了一些问题，这些问题也在不断实践中逐步得到解决。下面主要是近三年发现的一些典型问题。

1. 在线渠道畅通性问题

个别单位出现在线渠道不畅通的问题，如某县（市、区）政府门户网站公民申请页面中"传真号码"为加"＊"的必填项，不填写无法成功提交；某县（市、区）政府门户网站申请页面需要上传身份证扫描件，但评估工作组点击上传后显示"关闭身份证上传"，无法成功提交；个别单位的在线平台提交时出现错误或无法打开在线申请页面情况；在某县（市、区）政府门户网站在线平台提交申请时，需要填写申请人的手机号码并进行验证，但评估工作组点击验证后，一直未接收到验证信息，导致无法提交申请；个别单位所提供的电子邮箱无效，评估工作组发送邮件后被系统退回。

2. 信函渠道畅通性问题

个别单位公开指南中未明确申请受理机构的具体名称或通信方式不完整，如某县（市、区）政府门户网站的公开指南为修订版模板，受理机构名称以及通信方式均为空白。个别单位公开的受理机构名称或联系电话不准确，如某省直部门、单位公开指南中的联系电话一直无人接听，快递被退回；某县（市、区）政府门户网站公开指南公开的机构名称，快递反馈信息显示无该机构，快递无法投递；个别县（市、区）政府明确被告知是依申请公开件，仍因为无具体联系人姓名而拒收。评估过程中，还有部分单位向评估工作组解释，信函被传达室或其他部门接收。评估中也发现，相当一部分单位信函接收人显示"门卫"或"代收"，由于各部门衔接和沟通交流不足，信函没有及时移送至申请受理机构，导致了超期答复。

3. 依申请公开在线渠道查询不可用

依申请公开制度是保障公众获取政府信息的重要制度之一，各级政府不应由于网站改版等耽误正常的申请处理工作，导致出现履职"真空"。评估发现，部分省直部门、单位和县（市、区）政府由于网站改版升级，申请到期后，使用之前的反馈码，无法在新的网站进行申请状态查询。

4. 设置不必要的条件限制申请

在申请阶段，部分单位对提出申请设置不必要的条件。例如：评估工作组以公民身份向某县（市、区）公安局申请公开政府信息，收到申请后该单位电话告知需要与申请人所在单位取得联系确认后才能提供；评估工作组以公民身份申请公开政府信息，个别单位要求申请人提供与申请信息用途相关的证明或要求申请人提供工作单位出具的身份证明材料；评估工作组按照公开指南（明确告知接收信函申请）向某区审计局申请公开政府信息，该单位电话告知仅能由本人携带身份证复印件到现场申请。

5. 答复形式规范性问题

无论在线申请渠道还是信函申请渠道，评估工作组均要求各评估对象以电子邮件形式回复，部分单位未出具加盖单位公章的告知书扫描件；部分单位仅在申请平台进行答复，未以任何形式告知申请人已在平台答复；部分单位只在电子邮件中答复了相关内容，但未出具加盖单位公章的书面告知书或扫描件。

6. 告知书规范性问题

首先，文字性错误问题。例如，某县（市、区）政府部门出具的告知书中将申请人姓名写错；评估工作组以信函形式发送的申请，部分单位在出具的告知书中写着："收到以在线形式提交的申请"。

其次，法律依据、理由不充分。个别单位在作出不予公开等对申请人不利的答复时，未告知不予公开的法律依据或理由。个别单位在引用法律依据时，仅使用"有关规定""相关规定"等，未完整引用具体条款，法律依据不够明确。例如：评估工作组向某县（市、区）政府办公室发送申请"公开县管国有企业名录"，其在答复中仅说明"所申请信息因与你无关，无法提供"，且未提供明确的不公开依据和理由；某市级部门出具的告知书说明："您（单位）申请获取的信息属于《中华人民共和国政府信息公开条例》第九条（或第十条、第十一条、第十二条）规定的主动公开的政府信息"，未明确具体条款。新修订的《条例》自 2019 年 5 月 15 日起施行，2019 年的暗访是从 8 月下旬开始，故告知书中的法律依据应引用新修订《条例》的相关条款。2019 年的评估结果显示，3 家市政府部门和 12 家县（市、区）政府部门在告知书或答复书中所引用的法律依据为旧《条例》相关条款。

最后，救济渠道缺失或不全面问题。部分单位未告知救济渠道或救济渠道不完整。例如，某县级部门出具的告知书中，仅告知"可以申请行政复议或提起行政诉讼"，而未告知具体救济机关。2017 年的评估中，还有个别单位告知申请人诉讼期限为 3 个月，与现行《行政诉讼法》不符，存在错误。

第三节　进一步提升改进的建议

一　加强业务知识学习，提高办理的专业化水平

认真学习新修订的《条例》，加强宣传和解读，加强相关业务培训。每年围绕依申请公开处理、行政复议、行政诉讼、典型案例分析等方面，定期组织工作人员参加研讨培训，提升工作人员依法履职水平。依托行政学院、党校等培训机构，将依申请公开作为政务公开的重要内容，开展各类专题培训。各级各部门强化专门机构建设和专职人员配备，不断加强培训，增强具体工作人员的法律意识、证据意识。

二　推广法律文书模板，提升答复的规范化水平

完善依申请公开办理工作制度，进一步优化办理流程，提升答复的准确性、规范性和合法性。各级各部门要按照省政府办公厅统一制定的法律文本模板，加强申请表、登记回执、补正、一事一申请调整、不予受理、不予重复受理、非政府信息告知书、政府信息公开告知书、非本机关政府信息告知书、政府信息不存在告知书、政府信息

不予公开告知书、协助调查函、第三方征求意见书、延期答复告知书等常用法律文书格式模板的推广应用，统一标准，提升答复文书的规范性和专业性。

三　强化主动公开意识，建立主动公开转化机制

新修订的《条例》第44条规定，"多个申请人就相同政府信息向同一行政机关提出公开申请，且该政府信息属于可以公开的，行政机关可以纳入主动公开的范围。对行政机关依申请公开的政府信息，申请人认为涉及公众利益调整、需要公众广泛知晓或者需要公众参与决策的，可以建议行政机关将该信息纳入主动公开的范围。行政机关经审核认为属于主动公开范围的，应当及时主动公开"。下一步，要增强主动公开意识，积极扩大主动公开范围，依法建立依申请公开向主动公开转化机制。针对依申请公开中发现的较为集中、涉及范围广或需要社会广泛知晓的信息，可转为主动公开的，在答复的同时将该政府信息转化为主动公开，以主动公开减少依申请公开压力。

四　拓宽申请受理渠道，增强信息申请的便民性

各级各部门要进一步拓宽申请受理渠道，在保障当面、信函等传统受理渠道畅通性的同时，积极拓展互联网受理渠道，为申请人提供便捷的依申请公开服务。对于较为复杂的申请件或申请事项不属于政府信息公开工作范畴或无法按申请提供政府信息的，应主动与申请人沟通，了解申请人的实际需求，讲清法律规定、职责边界和事实情况，切实增强依申请公开的便民性。

五　完善审查会商机制，降低复议诉讼的败诉率

各级各部门要进一步完善政府信息公开保密审查机制，规范审查

程序，落实审查责任。在申请处理实践中，积极探索法律顾问全程参与等相关制度，加强协调会商，对申请是否有效、信息是否应该公开、公开后可能带来的影响等进行综合分析，研究提出处理意见。针对具体工作中事实认定和法律适用要求越来越高、办理难度越来越大的情况，逐步建立健全跨处室（科室）、跨部门、跨层级以及行政与司法等不同层面的会商机制。利用信息化手段，对调研和案件办理中发现的问题，加强交流和沟通。通过不同形式，剖析典型案例，交流研讨疑难问题，有效降低复议诉讼的败诉率。

第五章　政府网站互动交流回应
情况评估报告

《国务院办公厅关于印发政府网站发展指引的通知》（国办发〔2017〕47号）明确规定：政府网站是指各级人民政府及其部门、派出机构和承担行政职能的事业单位在互联网上开办的，具备信息发布、解读回应、办事服务、互动交流等功能的网站，即互动交流是政府网站的基本功能之一。2019年，为进一步加强山东省政府网站互动交流栏目建设和应用管理，评估工作组依据政府网站工作年度报告作了详细的数据分析，并采用模拟暗访的形式，实际评估了各级各部门政府网站互动交流栏目的答复时间和答复内容情况。

第一节　政府网站互动交流概述

互动交流是政府网站满足用户参与需求的重要功能，任何一项重大决策，若没有公众参与，注定行之不远。这不仅易使公众产生误解或质疑，还给政府形象和公信力造成不良影响。政府网站应切实发挥政策解读宣传、政民互动交流的强大功能，为转变政府职能、提高管理和服务效能、推进国家治理体系和治理能力现代化发挥积极作用。

《关于全面推进政务公开工作的意见》提出，要将政府网站打造成更权威的政策发布解读和舆论引导平台、更及时的回应关切和便民服务平台。政府网站在建设与发展中，应当紧密围绕部门重点工作和公众关注的热点问题，加强互动栏目建设，为公众提供便捷、及时、有效的参与机制。

政府网站互动交流的主要形式包括：咨询信箱、领导信箱、热点解答、交流论坛、调查征集和在线访谈等。咨询信箱、领导信箱、交流论坛能够主动接受公众建言献策和情况反映。在线访谈、热点解答栏目能够围绕政府重点工作和公众关注热点展开互动；调查征集栏目能够在政府重要决策方面征集公众的意见和建议，为决策提供参考。全国政府网站普查的目的之一也是解决一些政府网站存在的群众反映强烈的"不及时、不准确、不回应、不实用"等问题。

第二节　山东省各级政府网站互动交流现状

2018 年 1 月，国务院办公厅印发了《关于做好政府网站年度报表发布工作的通知》（国办函〔2018〕12 号），要求各级各类政府网站的工作年度报表于每年 1 月 31 日前在本网站首页显著位置发布。各省（区、市）、国务院各部门政府门户网站要开设专栏，集中发布本地区、本部门（本系统）各级各类政府网站的工作年度报表。其中，互动交流方面统计数据包括是否使用统一平台、留言办理、征集调查、在线访谈和智能问答。本部分的分析基于 45 家省直部门、单位的政府网站（包括省政府门户网站），16 家市政府门户网站和 135 家县（市、区）政府网站。

一　互动交流统一平台建设情况

根据各级政府网站工作年度报表的数据统计，86.67% 的省直部门、单位，100% 的市政府和 91.85% 的县（市、区）政府的留言评论、征集调查、咨询投诉、在线访谈等互动交流栏目使用了政府网站统一的互动交流平台。

二　留言办理答复情况

留言办理方面，主要是分析各级政府留言总数、办理留言总数和公开留言的数量，如图 5 – 1 所示。

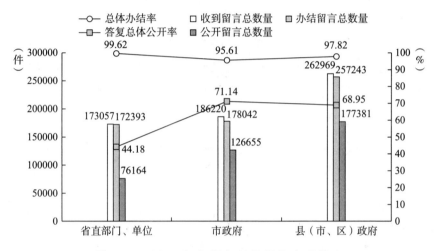

图 5 – 1　2019 年各级各部门留言办理情况

从留言总数分析，县（市、区）政府的留言总数高于 16 家市政府，16 家市政府高于省直部门、单位的留言总数。这说明，基层政府是政策落地和政务服务的"最后一公里"，每年都承担着较大的留言办理工作量，基层政府更需要保持互动交流渠道的畅通性，做好做细留言办理答复工作。

从留言办结情况分析，总体留言办结率均超过了 95%，其中省直部门、单位最高，达到了 99.62%，最低的 16 家市政府也达到了 95.61%。这说明，山东省政府网站互动交流工作已经基本实现了"件件有答复，事事有回音"的目标。

从留言公开情况分析，各级政府留言的总体公开率均低于 80%，其中最高的是 16 家市政府，达到了 71.14%。其原因：一方面，可

能是由于部分公众在政府网站的留言涉及一些个人隐私，主动选择
不公开；另一方面，也可能是由于年内多数单位进行了政府网站的
改版升级，在改版升级过程中造成了一些留言数据的丢失。但无论
何种原因，公开留言答复情况，在网民有类似留言咨询时，即可作
为供参考的答复，从而减少公众重复留言，也减轻各级政府答复的
工作量。

另外，报表统计数据也显示了各级政府留言答复的平均时间，如
图 5-2 所示。平均总办理时间最短的是省直部门、单位，平均办理
时间约为 3.5 天；其次是 16 家市政府，平均办理时间约为 3.77 天；
最后是县（市、区）政府，平均办理时间 4.38 天。

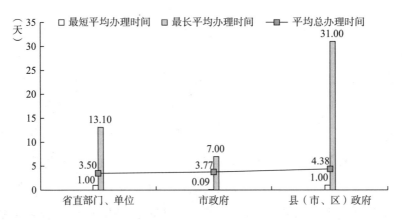

图 5-2　2019 年各级各部门留言平均办理时间情况

对比分析最短的和最长的平均办理时间，16 家市政府基本能够
在 7 天内答复公众的留言，而县（市、区）政府需要提升留言答复的
及时性，如某区政府平均办理时间达到了 31 天。

三　征集调查开展情况

征集调查开展情况方面，主要是分析各级各部门政府网站开展征
集调查期数、收到意见数量、公布调查结果期数等，如表 5-1 所示。

表 5 – 1   2019 年各级各部门征集调查开展情况

单位	征集调查期数（期）	平均每期收到意见数量（条）	公布调查结果期数（期）	调查结果公开率（％）
省直部门、单位	267	32.07	160	59.93
市政府	373	25.34	238	63.81
县（市、区）政府	1348	32.32	1100	81.60

征集调查期数方面，省直部门、单位共开展了 267 期，16 家市政府开展了 373 期，135 家县（市、区）政府共开展了 1348 期。各级各部门基本上能够将征集调查作为互动交流的一个重要栏目，积极有序开展征集调查活动。

征集调查效果方面，主要是分析每期收到的意见数量，为方便横向比较，可以从平均每期收到的意见数量分析。从分析结果看，平均每期收到意见数量最多的是县（市、区）政府，平均每期收到 32.32 条意见，省直部门、单位次之，16 家市政府最少，每期也平均收到了约 25.34 条意见。这说明，各级各部门开展的征集调查活动基本能够充分调动群众参与的积极性，达到了较好的互动效果。

从调查结果的公开情况分析，及时公开意见征集和在线调查结果，是政务公开的一项基本要求。意见建议或在线调查缺乏反馈，公众不知道自己提出的意见或参与的调查是否最终被采纳，就会感觉在"自说自话"，影响公众参与的积极性和有效性。数据分析显示，县（市、区）政府的调查结果公开率较高，达到了 81.60%，省直部门、单位和 16 家市政府的调查结果公开率基本在 60% 左右。这说明，各级各部门还需要进一步加强调查结果公开，确保参与必有回应、有反馈，从而形成良性循环，不断提升互动交流水平。

四　在线访谈开展情况

在线访谈开展方面，主要是分析开展访谈期数、网民留言数量和答复网民提问数量，如表 5 – 2 所示。

表 5 – 2　各级各部门 2019 年在线访谈情况

单位	访谈期数 （期）	网民留言 数量 （条）	答复网民 提问数量 （条）	平均每期网民 留言数量 （条）	网民提问 答复率 （％）
省直部门、单位	269	9673	9673	35.96	100.00
市政府	1138	8404	8298	7.38	98.74
县（市、区）政府	3471	27640	21435	7.96	77.55

从访谈开展期数分析，2019 年山东省各级各部门共开展 4878 期政府网站在线访谈，其中，2019 年全年县（市、区）政府共开展了3471 期，16 家市政府共开展了 1138 期，省直部门、单位共开展了269 期。

从网民留言数量分析，为方便横向比较，从平均每期网民留言数量看，由表 5 – 2 可知，省直部门、单位平均每期网民留言数量最多，平均每期网民留言数量达到了 35.96 条。这说明，省直部门、单位政府网站在线访谈达到了较好的公众互动效果。

从答复网民留言情况分析，主要看网民提问答复率，省直部门、单位的网民提问答复率达到了 100%，做到了"事事有回音"，深入解答网民提问。16 家市政府和各县（市、区）政府的网民提问答复率分别为 98.74% 和 77.55%。这表明，基层政府需要进一步加强政府网站在线访谈栏目建设，真正实现与公众的零距离互动，并及时答复网民的提问。

五　智能问答提供情况

《政府网站发展指引》（国办发〔2017〕47号）明确要求：定期整理网民咨询及答复内容，按照主题、关注度等进行分类汇总和结构化处理，编制形成知识库，实行动态更新。在网民提出类似咨询时，推送可供参考的答复口径。政府网站工作年度报表也对网站是否通过自然语言处理等相关技术提供自动解答用户咨询的智能问答功能进行了统计。

根据统计数据，17.78%的省直部门、单位，62.50%的市政府和23.70%的县（市、区）政府的互动交流栏目提供了通过自然语言处理等相关技术自动解答用户咨询的智能问答功能。

第三节　2019年互动交流暗访情况

为进一步加强山东省政府网站互动交流栏目建设和应用管理，评估工作组于2019年8~12月对各级各部门的政府网站互动交流栏目（咨询建言类）的答复情况开展了专项模拟暗访评估。

一　评估对象

本次评估对象为39家省直部门、单位（包括组成部门、直属特设机构、直属机构、部门管理机构和部分中央驻鲁单位）、16家市政府和137家县（市、区）政府。

二　评估结果分析

（一）功能可用性

本次评估主要选取了各级各部门政府网站互动交流栏目中的咨询

建言类栏目，包括领导信箱、留言评论、咨询建言等栏目。评估结果显示，84.62%的省直部门、单位，16家市政府和91.24%的县（市、区）政府的咨询建言类栏目功能可用，留言咨询成功提交后，反馈了有效可用的查询码，可随时查询留言咨询的办理状态，极大方便了公众。

（二）答复时限和内容情况

答复时限方面，如图5-3所示，省直部门、单位平均答复时间最短，平均6.64个工作日答复，最快当天答复，最慢75个工作日答复；16家市政府平均答复时间6.88个工作日，最快当天答复，最慢60个工作日答复；县（市、区）平均答复时间最长，平均8.9个工作日答复，最快当天答复，最慢91个工作日答复。

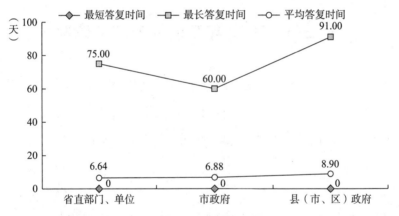

图5-3 各级各部门互动交流栏目答复时限情况

1. 省直部门、单位

省直部门、单位是平均答复时间最短的，具体情况如图5-4所示。

评估结果显示，25.64%的省直部门、单位能够在当天给予答复，51.28%的省直部门、单位能够在1~5个工作日答复，即超过70%的省直部门、单位对政府网站咨询建言类栏目的留言处理时间在5个工

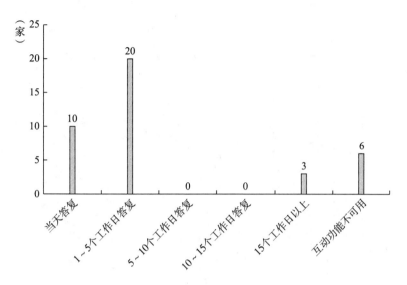

图 5 – 4　省直部门、单位互动交流栏目答复时限情况

作日以内。

答复内容方面，给予答复的省直部门、单位基本能够详细告知具体咨询内容，或告知咨询部门的联系方式，或告知具体答复内容的公开网址等。这说明，省直各部门、各有关单位基本能够做到"民有所呼、我有所应"，实现"事事有答复、件件有回音"。

2. 市政府

16 家市政府平均答复时间仅次于省直部门、单位，平均约 6.88 个工作日，具体情况如图 5 – 5 所示。

评估结果显示，16 家市政府在互动栏目功能建设方面取得了较大进步，2019 年各市政府门户网站互动交流栏目功能均可用。

答复时限方面，18.75% 的市政府能够在当天给予答复，50.00% 的市政府能够在 1 ~ 5 个工作日答复，仅有 1 家市政府在 15 个工作日内未能答复，即超过 65% 的市政府能够在 5 个工作日答复。

答复内容方面，16 家市政府基本能够详细告知具体咨询内容，或告知咨询部门的联系方式，或告知具体答复内容的公开网址等。

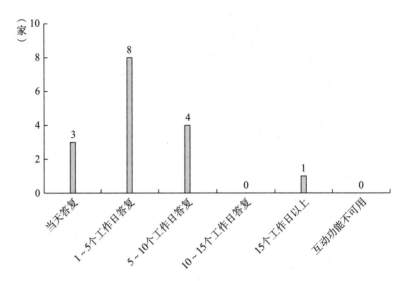

图 5－5　各市政府互动交流栏目答复时限情况

3. 县（市、区）政府

县（市、区）政府的平均答复时间最长，平均约 8.90 个工作日，具体情况如图 5－6 所示。

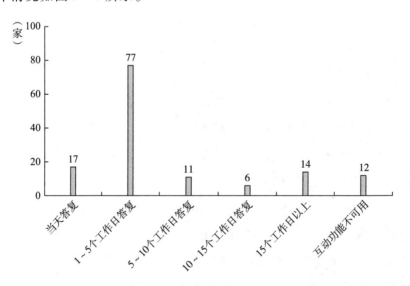

图 5－6　县（市、区）政府互动交流栏目答复时限情况

评估结果显示，8.76%的县（市、区）政府网站互动交流栏目未能成功接收公众留言咨询或是咨询留言状态无法查询，需要进一步规范功能建设。

答复时限方面，12.41%的县（市、区）政府能够在当天给予答复，56.20%的县（市、区）政府能够在1~5个工作日答复，即超过65%的县（市、区）政府能够在5个工作日答复。但也有10.22%的县（市、区）政府在15个工作日内未能答复，需要进一步提高咨询留言的办理时效。

答复内容方面，给予答复的各县（市、区）政府基本能够详细告知具体咨询内容，或告知相关咨询部门的联系方式，或告知具体答复内容的公开网址等。

（三）答复反馈公开情况

评估结果显示，97.44%的省直部门、单位，100%的市政府和98.54%的县（市、区）政府在政府网站互动交流栏目中公开了咨询建言类栏目（网上信访、纪检举报等专门渠道除外）的网民留言。92.31%的省直部门、单位，100%的市政府和89.78%的县（市、区）政府详细公开了留言时间、答复时间、答复单位、答复内容等。

另外，61.54%的省直部门、单位，93.75%的市政府和91.24%的县（市、区）政府在政府网站实时或定期公开了本网站留言受理反馈情况统计数据。

第四节　存在的主要问题

从年度报表数据分析和模拟暗访评估情况看，山东省互动交流栏目建设和应用方面仍然存在一定不足。

一 互动交流统一平台建设仍须加强

《政府网站发展指引》明确要求，"政府门户网站要搭建统一的互动交流平台"。根据相关统计数据，截至 2019 年底，仍有 13.33% 的省直部门、单位和 8.15% 的县（市、区）政府的留言评论、征集调查、咨询投诉、在线访谈等互动交流栏目未搭建或使用政府网站统一的互动交流平台。

二 "重建设轻应用"现象仍然存在

评估发现，个别县（市、区）政府门户网站互动交流栏目建设技术导向特征明显。评估结果显示，有 15.38% 的省直部门、单位和 8.76% 的县（市、区）政府网站互动交流栏目出现了不可用或无法查询办理的现象；还有部分互动交流栏目公众参与度较低，公众留言较少，有的基层政府门户网站甚至全年仅有 1~2 条有效的留言；部分政府网站互动交流栏目的调查征集栏目基本是网站改版满意度调查，未曾开展过民生民意方面的在线调查活动。

三 部分单位需缩短留言办理时间

评估结果显示，7.69% 的省直部门、单位，6.25% 的市政府和 10.22% 的县（市、区）政府未能在公众留言后 15 个工作日内给予答复，甚至个别基层政府截至评估数据采集结束也未予以答复。

四 留言答复反馈工作有待加强

评估结果显示，7.69% 的省直部门、单位和 10.22% 的县（市、区）政府未能在政府网站互动交流栏目中详细公开咨询建言类栏目的留言时间、答复时间、答复单位、答复内容等。38.46% 的省直部门、单位，6.25% 的市政府和 8.76% 的县（市、区）政府未能在政府网站实时或定期公开本政府网站留言受理反馈情况统计数据。

五　互动交流新技术应用稍显不足

数据统计显示，82.22% 的省直部门、单位，37.50% 的市政府和 76.30% 的县（市、区）政府的互动交流栏目未提供通过自然语言处理等相关技术自动解答用户咨询的智能问答功能。

第五节　下一步改进建议

政府网站作为政府与公众沟通的桥梁，交流互动一直以来就是政府网站的一项重要功能。充分完善政府网站的公众参与功能，是扩大民主，保障公众参与权、表达权和监督权的有效方式，是建设服务型政府和开放型政府的基本要求。

一　加强标准化规范化建设，完善优化办理流程

各级各部门政府网站互动交流栏目要配备相应的后台服务团队和受理系统。制定互动交流答复工作标准规范，严格规范答复工作的办理流程，明确留言咨询或公众信件受理、办理、答复等环节的运转流程、工作责任，落实由专人负责留言咨询和公众信件的日常处理工作。

二　建立限时答复制度，严格把控答复质量

实行互动交流限时答复制度，尽量在 5 个工作日内予以答复。对于咨询留言的问题较为复杂或涉及多个政府部门的，答复时限原则上不超过 15 个工作日；对于经调查研究，确实无法办理的，也应提供

详细的解释说明。回复内容要详细，答复内容应做到有具体情况说明、具体解决措施、相关进展情况和相应结果反馈，切实提高回复质量，杜绝推诿应付和扯皮现象。

三 强化日常督促监管，实时公开反馈统计

建立网民意见建议的查看、处理和反馈等机制，做到件件有落实、事事有回音。强化政府网站互动交流栏目的日常监督检查工作，各单位答复办理情况定期在政府网站互动交流栏目醒目位置进行公示。各级政府办公厅（室）也要进一步加大对回复工作的跟踪督办力度，对督查过程中发现的办理不及时、办理结果不明确、办理质量不高、办理结果群众不满意等情况，要对承办单位进行通报批评，并责令重新办理，对造成不良影响的，严肃追究有关人员的责任。

四 加快新型技术应用，大幅提升互动体验

加快新型技术应用，建设统一的政府网站互动交流平台和即时智能问答系统，实现互动交流"一网通答"。认真研判公众提出的意见建议，并及时公开受理反馈情况。对网民咨询和反馈信息进行深度挖掘利用，编制形成知识库，实行动态更新，可作为今后答复类似问题的参考。充分发挥互联网优势，积极探索公众参与新模式，提高政府公共政策制定、公共管理、公共服务的响应速度，切实提升政府网站互动体验。

第六章 政务新媒体政务公开
情况研究报告

近几年来，随着移动互联网的发展，政务新媒体随之兴起并迅速发展，从"政务双微"到"两微一端"再到如今的微信小程序、短视频平台等，数量庞大、类型众多的政务新媒体正在逐步丰富政务公开的平台渠道。2019 年，评估工作组对全省政务微博、微信的开设和运营情况开展了专项评估。

第一节 政务新媒体发展概况

一 发展现状

根据《国务院办公厅关于推进政务新媒体健康有序发展的意见》（国办发〔2018〕123 号）的定义：政务新媒体是指各级行政机关、承担行政职能的事业单位及其内设机构在微博、微信等第三方平台上开设的政务账号或应用，以及自行开发建设的移动客户端等。我国政务新媒体的产生和发展大概经历了 10 年的时间，逐渐发展成为推进政务公开、优化政务服务、凝聚社会共识、创新社会治理的重要平台。

近年来，我国政务新媒体的发展主要是政务微博微信、政务App、政务头条号等。根据相关统计数据，如图 6－1 所示，截至

2016 年底，全国政务微博总数量为 125098 个，其中，山东省政务微博数量为 7186 个；全国政务头条号总数量为 304083 个，其中，山东省政务头条号开设数量为 1863 个。截至 2019 年 6 月底，全国政务微博总数量达到了 13.9 万个，其中，山东省政务微博开设数量为 7988 个；全国政务头条号总数量达到了 81168 个，其中，山东省政务头条号开设数量达到了 8241 个。可以说，我国政务新媒体自 2016 年以来处于快速发展阶段。

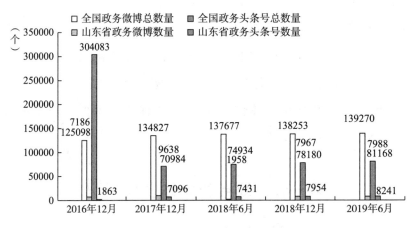

图 6 - 1　近几年政务微博和政务头条号开设情况

二　政策环境

政策环境主要是国家层面有关政务新媒体相关的部署和要求，本次主要总结了总体部署、年度政务公开工作要点和专项部署 3 个方面的政策文件发布情况，具体如表 6 - 1 所示。

（一）总体部署

2013 年 10 月，《国务院办公厅关于进一步加强政府信息公开回应社会关切　提升政府公信力的意见》（国办发〔2013〕100 号）提出，"着力建设基于新媒体的政务信息发布和与公众互动交流新渠

道"，正式将政务微博、微信等新媒体评估纳入政府信息公开工作
部署。

表 6 - 1　国家层面政务新媒体有关文件部署

序号	类型	时间	文件名称	内容摘要
1	总体部署	2013 年	《国务院办公厅关于进一步加强政府信息公开回应社会关切　提升政府公信力的意见》（国办发〔2013〕100 号）	（三）着力建设基于新媒体的政务信息发布和与公众互动交流新渠道。各地区各部门应积极探索利用政务微博、微信等新媒体，及时发布各类权威政务信息，尤其是涉及公众重大关切的公共事件和政策法规方面的信息，并充分利用新媒体的互动功能，以及时、便捷的方式与公众进行互动交流。开通政务微博、微信要加强审核登记，制定完善管理办法，规范信息发布程序及公众提问处理答复程序，确保政务微博、微信安全可靠
2		2016 年	《关于全面推进政务公开工作的意见》	（十四）发挥媒体作用。把新闻媒体作为党和政府联系群众的桥梁纽带，运用主要新闻媒体及时发布信息，解读政策，引领社会舆论。安排中央和地方媒体、新闻网站负责人参与重要活动，了解重大决策；畅通采访渠道，积极为媒体采访提供便利。同时也要发挥新闻网站、商业网站以及微博微信、移动客户端等新媒体的网络传播力和社会影响力，提高宣传引导的针对性和有效性
3		2016 年	《国务院办公厅关于在政务公开工作中进一步做好政务舆情回应的通知》（国办发〔2016〕61 号）	充分利用微博微信客户端等新媒体发布信息，开展互动交流，不断增强新媒体发布的时效性、亲和力；注重加强政策解读的国际传播，扩大政策信息的覆盖面和影响力

序号	类型	时间	文件名称	内容摘要
4	总体部署	2016 年	《国务院办公厅印发〈关于全面推进政务公开工作的意见〉实施细则的通知》（国办发〔2016〕80 号）	（三）完善公众参与渠道。积极探索公众参与新模式，不断拓展政府网站的民意征集、网民留言办理等互动功能，积极利用新媒体搭建公众参与新平台，加强政府热线、广播电视问政、领导信箱、政府开放日等平台建设，提高政府公共政策制定、公共管理、公共服务的响应速度，增进公众对政府工作的认同和支持
5		2019 年	《中华人民共和国政府信息公开条例》（2007 年 4 月 5 日中华人民共和国国务院令第 492 号公布，2019 年 4 月 3 日中华人民共和国国务院令第 711 号修订）	第二十三条　行政机关应当建立健全政府信息发布机制，将主动公开的政府信息通过政府公报、政府网站或者其他互联网政务媒体、新闻发布会以及报刊、广播、电视等途径予以公开
6	年度政务（政府信息）公开工作要点	2013 年	《国务院办公厅关于印发当前政府信息公开重点工作安排的通知》（国办发〔2013〕73 号）	要充分发挥政府网站、政府公报、新闻发布会以及报刊、广播、电视、政务微博等传播政府信息的作用，确保公众及时知晓和有效获取公开的政府信息
7		2014 年	《国务院办公厅关于印发 2014 年政府信息公开工作要点的通知》（国办发〔2014〕12 号）	加强新闻发言人制度和政府网站、政务微博微信等信息公开平台建设，充分发挥广播电视、报刊、新闻网站、商业网站等媒体的作用，使主流声音和权威准确的政务信息在网络领域和公共信息传播体系中广泛传播
8		2015 年	《国务院办公厅关于印发 2015 年政府信息公开工作要点的通知》（国办发〔2015〕22 号）	统筹运用新闻发言人、政府网站、政府公报、政务微博微信发布信息，充分发挥广播电视、报刊、新闻网站、商业网站和政务服务中心的作用，扩大发布信息的受众面、提高影响力

序号	类型	时间	文件名称	内容摘要
9	年度政务（政府信息）公开工作要点	2016年	《国务院办公厅关于印发2016年政务公开工作要点的通知》（国办发〔2016〕19号）	要针对不同社会群体，采取不同传播策略，注重运用各级各类新闻媒体，特别要重视发挥主流媒体及其新媒体"定向定调"作用，及时全面准确解读政策，增进社会认同。重要信息、重大政策发布后，要注重运用主流媒体及其新媒体在重要版面、重要位置、重要时段及时报道解读
10		2017年	《国务院办公厅关于印发2017年政务公开工作要点的通知》（国办发〔2017〕24号）	要用好管好政务新媒体，明确开办主体责任，健全内容发布审核机制，强化互动和服务功能，切实解决更新慢、"雷人雷语"、无序发声、敷衍了事等问题
11		2018年	《国务院办公厅关于印发2018年政务公开工作要点的通知》（国办发〔2018〕23号）	充分发挥政务微博、微信、移动客户端灵活便捷的优势，做好信息发布、政策解读和办事服务工作，进一步增强公开实效，提升服务水平
12		2019年	《国务院办公厅关于印发2019年政务公开工作要点的通知》（国办发〔2019〕14号）	（二）推进政务新媒体健康有序发展。理顺政务新媒体管理机制，建立健全相关工作制度，做好开设整合、内容保障、安全防护、监督管理等工作。推进整体协同、响应迅速的政务新媒体矩阵体系建设，统筹推进政务新媒体与政府网站的协同联动、融合发展，加强县级政务新媒体与本地区融媒体中心的沟通协调，提升信息发布、解读回应、政民互动、办事服务的整体水平
13	专项部署	2017年	《国务院办公厅关于进一步做好政务新媒体工作的通知》（国办公开办函〔2017〕13号）	全文

续表

序号	类型	时间	文件名称	内容摘要
14	专项部署	2018 年	《国务院办公厅关于推进政务新媒体健康有序发展的意见》（国办发〔2018〕123 号）	全文
15		2019 年	《国务院办公厅秘书局关于印发政府网站与政务新媒体检查指标、监管工作年度考核指标的通知》	全文

  2016 年开启了全面推进政务公开工作的序幕，在政务公开工作部署的 3 个重要文件中均提及政务新媒体。《关于全面推进政务公开工作的意见》明确要"发挥媒体作用"，"同时也要发挥新闻网站、商业网站以及微博微信、移动客户端等新媒体的网络传播力和社会影响力，提高宣传引导的针对性和有效性"。《国务院办公厅关于在政务公开工作中进一步做好政务舆情回应的通知》（国办发〔2016〕61号）提出，"充分利用微博微信客户端等新媒体发布信息，开展互动交流，不断增强新媒体发布的时效性、亲和力；注重加强政策解读的国际传播，扩大政策信息的覆盖面和影响力"。《国务院办公厅印发〈关于全面推进政务公开工作的意见〉实施细则的通知》（国办发〔2016〕80号）要求，"积极探索公众参与新模式，不断拓展政府网站的民意征集、网民留言办理等互动功能，积极利用新媒体搭建公众参与新平台"。

  2019 年，《条例》完成首次修订，其中第 23 条规定，"行政机关应当建立健全政府信息发布机制，将主动公开的政府信息通过政府公报、政府网站或者其他互联网政务媒体、新闻发布会以及报刊、广播、电视等途径予以公开"，再一次明确了政务新媒体作为政府信息公开的重要平台。

（二）年度政务公开工作要点

自 2012 年开始，国务院办公厅每年都会印发当年的政务（政府信息）公开工作要点，部署当年度的政务（政府信息）公开工作。首次提及政务微博，是 2013 年的《国务院办公厅关于印发当前政府信息公开重点工作安排的通知》（国办发〔2013〕73 号），提出"要充分发挥政府网站、政府公报、新闻发布会以及报刊、广播、电视、政务微博等传播政府信息的作用"。

2014 年和 2015 年，在《国务院办公厅关于印发 2014 年政府信息公开工作要点的通知》（国办发〔2014〕12 号）和《国务院办公厅关于印发 2015 年政府信息公开工作要点的通知》（国办发〔2015〕22 号）中增加了微信的表述，分别明确提出："加强新闻发言人制度和政府网站、政务微博微信等信息公开平台建设"；"统筹运用新闻发言人、政府网站、政府公报、政务微博微信发布信息，充分发挥广播电视、报刊、新闻网站、商业网站和政务服务中心的作用，扩大发布信息的受众面、提高影响力"，进一步将政府网站和政务微博微信作为主要的政府信息公开平台统筹推进。

2017 年，将政务微博微信改为"政务新媒体"，在《国务院办公厅关于印发 2017 年政务公开工作要点的通知》（国办发〔2017〕24 号）中提出，"要用好管好政务新媒体，明确开办主体责任，健全内容发布审核机制，强化互动和服务功能，切实解决更新慢、'雷人雷语'、无序发声、敷衍了事等问题"。

2018 年，又表述为"两微一端"，在《国务院办公厅关于印发 2018 年政务公开工作要点的通知》（国办发〔2018〕23 号）中提出，"充分发挥政务微博、微信、移动客户端灵活便捷的优势，做好信息发布、政策解读和办事服务工作，进一步增强公开实效，提升服务水平"。

2019 年，该表述又重新回到"政务新媒体"，并提出了建设政务新媒体矩阵的要求。《国务院办公厅关于印发 2019 年政务公开工作要点的通知》（国办发〔2019〕14 号）明确要求："推进政务新媒体健康有序发展"。"推进整体协同、响应迅速的政务新媒体矩阵体系建设，统筹推进政务新媒体与政府网站的协同联动、融合发展，加强县级政务新媒体与本地区融媒体中心的沟通协调，提升信息发布、解读回应、政民互动、办事服务的整体水平。"

从年度政务公开工作要点对政务新媒体的提法可以看出，政务新媒体的发展经历了"两微"到"两微一端"再到"政务新媒体"最后到"政务新媒体矩阵"。一方面，明确了政务微博、微信在政务新媒体中的重要地位，因为不管怎样的提法，均包含了政务微博、微信的描述；另一方面，也明确了政务新媒体矩阵的要求，现在政务新媒体的类型众多，不仅包括政务微博、微信、客户端、政务头条号，还包括了微信小程序、短视频平台等，要利用矩阵模式实现健康有序的融合发展。

（三）专项部署

梳理国家层面对政务新媒体的专项部署文件可以看出，文件名称中含有"政务新媒体""政务微博"或"政务微信"的相关文件较少，自 2017 年开始，仅有 3 部。

2017 年，国务院办公厅政府信息与政务公开办公室为做好当前政务新媒体工作，印发了《国务院办公厅关于进一步做好政务新媒体工作的通知》（国办公开办函〔2017〕13 号），指出政务新媒体已经成为政务公开的重要渠道，在传播党和政府声音、开展政策解读、回应公众关切等方面发挥了积极作用，并就政务新媒体的内容发布、引导回应、审核管理、协同机制和考核监督机制等方面提出了明确的要求。

2018 年，《国务院办公厅关于推进政务新媒体健康有序发展的意见》（国办发〔2018〕123 号）提出，"到 2022 年，建成以中国政府网政务新媒体为龙头，整体协同、响应迅速的政务新媒体矩阵体系，全面提升政务新媒体传播力、引导力、影响力、公信力，打造一批优质精品账号，建设更加权威的信息发布和解读回应平台、更加便捷的政民互动和办事服务平台，形成全国政务新媒体规范发展、创新发展、融合发展新格局"。该文件从工作职责、功能建设、运维管理和保障措施方面，提出了促进政务新媒体健康有序发展的要求。

2019 年，《国务院办公厅秘书局关于印发政府网站与政务新媒体检查指标、监管工作年度考核指标的通知》，专门增加了政务新媒体检查指标，均是单项否决指标，包括"安全、泄密事故等严重问题""内容不更新""互动回应差"，这也是第一次以标准规范的形式对政务新媒体提出的检查要求。

第二节　政务新媒体评估情况

一　评估依据

◇《中华人民共和国政府信息公开条例》（2007 年 4 月 5 日中华人民共和国国务院令第 492 号公布，2019 年 4 月 3 日中华人民共和国国务院令第 711 号修订）

◇《国务院办公厅关于印发 2019 年政务公开工作要点的通知》（国办发〔2019〕14 号）

◇《国务院办公厅关于进一步做好政务新媒体工作的通知》（国办公开办函〔2017〕13 号）

◇《国务院办公厅关于推进政务新媒体健康有序发展的意见》

（国办发〔2018〕123 号）

《国务院办公厅秘书局关于印发政府网站与政务新媒体检查指标、监管工作年度考核指标的通知》

◇《山东省人民政府办公厅关于印发 2019 年山东省政务公开工作要点的通知》（鲁政办发〔2019〕15 号）（以下简称《要点》）

◇《山东省人民政府办公厅关于推进全省政务新媒体健康有序发展的通知》（鲁政办字〔2019〕43 号）

二 评估对象

本次评估对象为 39 家省直部门、单位（包括组成部门、直属特设机构、直属机构、部门管理机构和部分中央驻鲁单位）、16 家市政府和 137 家县（市、区）政府。

三 评估结果分析

政务微博和政务微信在政务新媒体中占据重要地位，也是近几年发展较快的两个平台，所以本次专项评估主要评估各级各部门政务微博和政务微信的建设和运行情况。

山东省政务新媒体经过近几年的快速发展，在发布、运营、管理等实践中积累了宝贵经验，初步实现了政务新媒体的科学化发展。其中，"山东政务"作为山东省人民政府办公厅官方微博，自 2013 年开通以来，粉丝数量目前已超 10 万人，累计发布微博数量 15000 余条；山东省人民政府办公厅的微信公众号"山东政府网"，截止到 2019 年底，更新频率基本实现了每日更新，月均推送文章达 158 篇；"政务公开看山东"微信公众号自创办以来，各市政府和省政府各部门踊跃投稿，截至 2019 年底共发布文章 1262 篇，已经成为全省政务公开工作的竞赛擂台、经验做法的展示舞台和能力素质的提升平台。从全省范围看，政务微博、微信已经成为继政府网站之后又一重要的政务公开平台。

（一）政务新媒体开设情况

从省直部门、单位看，在参与评估的 39 家省直部门、单位中，有 74.36% 开通了政务微博，截至 2019 年底，累计发布 23 万余条信息；所有省直部门、单位均开通了政务微信，绝大多数能够保持日常更新，月均发文 52 篇。

从 16 家市政府看，截至 2019 年底，16 家市政府均开通了本地区政务微博，粉丝总数量超了 1700 万人，累计发布了近 29 万条信息；16 家市政府均开通了本地区政务微信公众号，并保持日常更新，月均发文 87 篇。

从县（市、区）政府看，截至 2019 年底，75.18% 的县（市、区）政府开通了本地区的政务微博，粉丝数量总覆盖约 618 万人，累计微博发布总量约 63 万条；所有县（市、区）政府均开通了本地区的政务微信公众号，绝大多数能够保持日常更新，月均发文 75 篇。

（二）政务新媒体信息发布情况

从省直部门、单位看，如图 6-2 所示，已开通政务微博的 29 家省直部门、单位中，65.52% 的政务微博 20 日内发布信息数量多于 20 条，即更新频率平均达到了日更新，粉丝总数达到了 141.58 万人；48.72% 的省直部门、单位政务微信公众号月均发文数量在 50 篇以上，61.54% 的省直部门、单位政务微信公众号平均每两日更新一次，17.95% 的省直部门、单位政务微信公众号平均每周更新一次。

从 16 家市政府看，16 家市政府政务微博 20 日内发布信息数量均在 100 条以上，如表 6-2 所示，信息更新频率基本达到了每日更新 5 条及以上，活跃度较高；16 家市政府政务微信总体月平均发文数量为 86.65 篇，如图 6-3 所示，其中，37.50% 的市政府政务微信月平均发文数量在 100 篇以上，81.25% 的市政府基本可以做到每两日更新一次。政务微信原创内容发布方面，威海、济南、聊城等市政府政务微信原创内容发布较多，达到了 12 篇以上。

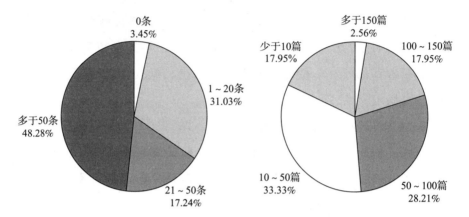

图 6-2　省直部门、单位政务微博和政务微信信息发布情况

表 6-2　各市政府政务微博粉丝数、累计发布信息和日更新信息情况

序号	市政府	粉丝数（万人）	累计发布量（千条）	日更新数量（条）
1	济南	151	46	48
2	青岛	391	44	22
3	淄博	10	22	17
4	枣庄	132	4	8
5	东营	364	18	11
6	烟台	189	10	17
7	潍坊	147	26	27
8	济宁	75	18	8
9	泰安	1	4	11
10	威海	38	32	18
11	日照	16	15	5
12	临沂	11	10	10

续表

序号	市政府	粉丝数（万人）	累计发布量（千条）	日更新数量（条）
13	德州	71	15	104
14	聊城	19	14	48
15	滨州	49	4	7
16	菏泽	40	6	7

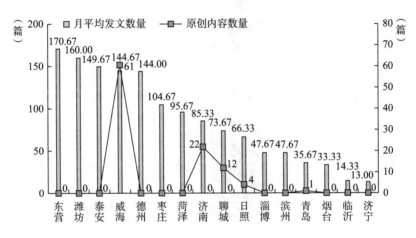

图6-3　各市政府政务微信月平均发文和原创内容发布情况

注：月平均发文是采集了2019年8月、9月、10月发文总数的平均值，原创内容根据微信公众号首页显示的原创内容篇数统计。

从县（市、区）政府看，34.95%的县（市、区）政府的政务微博20日内发布微博数量大于50条，17.48%的县（市、区）政府政务微博20日内发布微博数量在21～50条，基本上活跃度较高，如图6-4所示；63.97%的县（市、区）政府政务微信月均发文数量在50篇以上，72.06%的县（市、区）政府政务微信基本可以做到每2日更新一次，12.50%的县（市、区）政府政务微信能够做到每周更新一次。

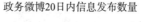

政务微博20日内信息发布数量

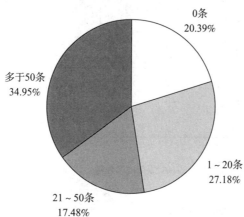

政务微信月均发文量

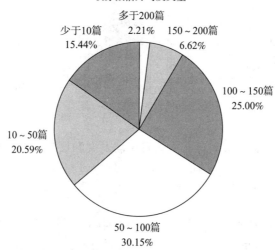

图 6 - 4 县（市、区）政府政务微博和政务微信信息发布情况

从县（市、区）政府政务微信原创内容看，如图 6 - 5 所示，2.21% 的县（市、区）政府政务微信原创内容超过了 500 篇，其中，0.74% 的县（市、区）政府政务微信原创内容数超过了 1000 篇，但也有 51.47% 的县（市、区）政府原创内容数少于 10 篇。

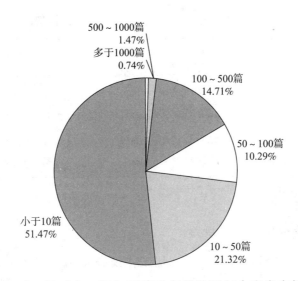

500～1000篇
1.47%

多于1000篇
0.74%

100～500篇
14.71%

50～100篇
10.29%

小于10篇
51.47%

10～50篇
21.32%

图 6 - 5　县（市、区）政府政务微信原创内容发布情况

（三）政务微博关注和粉丝情况

政务微博的粉丝数量是衡量微博公众参与程度和微博影响力的重要体现，关注度越高，粉丝数量越多，公众参与的程度越高，政务微博的影响力也就越高。

如表 6 - 3 所示，从微博关注数量看，省直部门、单位政务微博平均关注微博数为 305 个，16 家市政府政务微博平均关注微博数为 283 个，县（市、区）政府政务微博平均关注微博数为 365 个，整体上相差并不明显。

从粉丝数量看，省直部门、单位政务微博平均粉丝数量约为 48.8 万人，16 家市政府政务微博平均粉丝数量约为 107 万人，县（市、区）政府政务微博平均粉丝数量约为 6 万人。由此可见，16 家市政府粉丝数量占优，说明 16 家市政府政务微博的受关注度和影响力较大，相比省直部门、单位和县（市、区）政府处于较高水平。

表6-3 政务微博关注和粉丝统计情况

评估对象	平均关注微博数（个）	平均总粉丝量（人）	平均累计微博发布数量（条）	日平均更新微博数量（条）
省直部门、单位	305	488221	8369	5
市政府	283	1070339	18611	23
县（市、区）政府	365	59980	6150	4

注：数据采集截止时间为2020年2月底。

（四）政务微信栏目设置

政务微信栏目设置方面，评估工作组查看了各级各部门政务微信的一级和二级栏目设置情况。从评估结果看，设置的栏目主要包括便民服务、互动交流和"互联网＋督查"，具体情况如图6-6所示。

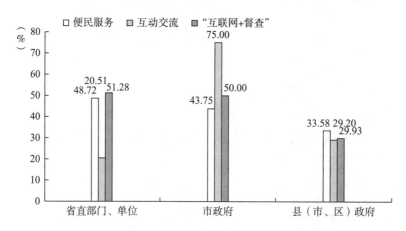

图6-6 各级各部门政务微信栏目设置情况

从省直部门、单位看，89.74%的省直部门、单位在政务微信公众号设置了一级和二级栏目。一级栏目设置方面，48.72%的省直部门、单位政务微信设置了便民服务栏目，20.51%的省直部门、单位政务微信设置了互动交流栏目，51.28%的省直部门、单位政务微信设置了"互联网＋督查"栏目。

从16家市政府看，87.50%的市政府在政务微信公众号设置了一级和二级栏目。一级栏目设置方面，43.75%的市政府政务微信设置了便民服务栏目，75%的市政府政务微信设置了互动交流栏目，50%的市政府政务微信设置了"互联网＋督查"栏目。

从县（市、区）政府看，94.16%的县（市、区）政府在政务微信公众号设置了一级和二级栏目。一级栏目设置方面，33.58%的县（市、区）政府政务微信设置了便民服务栏目，29.20%的县（市、区）政府政务微信设置了互动交流栏目，29.93%的县（市、区）政府政务微信设置了"互联网＋督查"栏目。

第三节　存在的主要问题

一　政务微博、微信功能定位模糊

政务新媒体相比政府网站等传统媒体，具有传播速度快、受众面广、互动性强等特点，但近年来部分机关对政务微博、微信功能的定位仍然较为模糊。部分政务微博大量转发其他微博或新闻媒体的内容，与本职、本区域工作相关的信息发布较少；部分机关单纯将政务微信作为单向信息发布的平台，推送的信息多是本机关的一些通知、文件和宣传内容，单向传播特征明显，与政府网站并无不同，仅仅是作为政府网站的复制延伸。

二　政务新媒体发展呈现管理无序化

评估发现，各单位政务新媒体的发展呈现管理无序化特征，如政务微博的命名，有的以机构名称全称命名，有的以简称命名，有的以地区名称加部门职能命名，有的以地方名称加地方特点命名，有的与机构名称没有明显的相关性。政务微信的发展也与政务微博呈现同质化趋势。

三 内容发布随意性较大，原创内容比例较低

部分机关的政务微博和微信内容发布的随意性较强，多是转发其他媒体微博和新闻网站的信息，本机关的原创内容很少；部分微博和微信信息更新非常不及时，特别是一些基层政府，未设置专职人员专门负责政务新媒体的运营和管理，甚至长期处于"休眠"状态，在重大事件发生时也未能及时作出回应。

四 部分功能运营管理流于形式

部分机关的政务微信虽然设置了互动交流和便民服务栏目，但是普遍缺乏互动意识，留言回复时效性也较差，未能真正实现与网民的有效互动，导致互动功能流于形式。另外，多数机关政务微博和政务微信的日常运维工作都是由办公室或信息中心的人员兼职负责，并未设置专门的管理机构和管理职位，运维人员普遍缺少与网民互动交流的技巧，这也是影响政务微博和政务微信发展的一个重要因素。

第四节 进一步提升改进的建议

一 明确功能定位，发挥政务新媒体优势

要充分了解本区域、本层级的特点，进一步明确政务新媒体功能定位，进而确定政务新媒体的服务理念、目标、对象受众和内容。充分发挥政务新媒体传播速度快、受众面广、互动性强等优势，加强公开解读回应工作、加强政民互动交流、提升掌上服务水平，不断强化发布、传播、互动、引导、办事等功能，积极为企业和群众提供权威性、专业化的移动便捷服务。进一步探索政务微博、微信等新媒体的

互动功能，运用互联网思维，改变单向传播意识，建立常态化的新媒体互动机制，积极与公众互动，在互动中实现对社会舆论的引导。

二　规范信息发布，提高原创性内容比例

各级政务微博、微信要在提升政务新媒体信息发布数量的同时，提高信息发布的质量，特别是多发布与本地区实际或本部门职能相关、公众关注度高的原创内容，增进社会合作协同，提高公开工作的针对性和有效性。政务新媒体所发布的信息必须具备实用性、针对性，并且要与公众的社会生活紧密关联。特别是基层政府，政务新媒体的受众群体基本上是本地网民，最关注的也基本是身边的人和事，所以要切实针对本地需求和特色制作原创内容，围绕重大党政活动、重要决策部署和公众广泛关注的话题，及时发布和推送，避免同质化，减少转载和摘编的信息数量，为网民提供优质的内容服务。

三　强化运营管理，加大日常监管力度

建立政务新媒体的常态化监管模式，将政务新媒体的运营管理纳入相关政府绩效考核，切实整改部分政务新媒体"只建不管""重建设轻应用"的问题。配备专职人员管理政务新媒体的日常运营工作，加强政务新媒体运营和管理专业人员的培训，及时了解政务以及新媒体运营管理相关专业知识，针对时事热点和群众真正关心的问题，加强和群众的有效互动，融洽政民关系。各级政务新媒体要重点利用好微博、微信等平台，用网友喜闻乐见的方式，与网民建立良性的互动机制。

四　推进融合发展，打造全媒体矩阵模式

随着移动互联网、云计算、大数据、5G等信息技术的快速发展，

媒体融合发展已经成为政务新媒体发展的一个趋势。在发展中，政务新媒体要与政府网站实现融合发展，对各级政府网政务新媒体发布的重要政策信息，其他政务新媒体应及时予以转载；对需政府网站政务新媒体发布的重要信息，应及时沟通协商发布；对发布信息涉及其他单位工作的，要提前做好沟通协商，共同打造整体联动、集体发声的政务新媒体矩阵体系。切实发挥政务新媒体的集群效应，在"全民上网、全民皆媒"的新时代，为公众提供更加精准化、专业化的政务服务。

附录一 山东省政务公开发展水平研究 报告（2019）评估对象

一 省直部门、单位（39家）

山东省发展和改革委员会

山东省教育厅

山东省科学技术厅

山东省工业和信息化厅

山东省民族宗教委员会

山东省公安厅

山东省民政厅

山东省司法厅

山东省财政厅

山东省人力资源和社会保障厅

山东省自然资源厅

山东省生态环境厅

山东省住房和城乡建设厅

山东省交通运输厅

山东省水利厅

山东省农业农村厅

山东省商务厅

山东省文化和旅游厅

山东省卫生健康委员会

山东省退役军人事务厅

山东省应急管理厅

山东省审计厅

山东省人民政府外事办公室

山东省人民政府国有资产监督管理委员会

山东省市场监督管理局

山东省广播电视局

山东省体育局

山东省统计局

山东省医疗保障局

山东省机关事务管理局

山东省人民防空办公室

山东省地方金融监管局

山东省大数据局

山东省信访局

山东省能源局

山东省粮食和物资储备局

山东省监狱管理局

山东省畜牧兽医局

国家税务总局山东省税务局

二　市政府（16家）

济南市

青岛市

淄博市

枣庄市

东营市

烟台市

潍坊市

济宁市

泰安市

威海市

日照市

滨州市

德州市

聊城市

临沂市

菏泽市

三　县（区、市）政府（137家）

济南市历下区

济南市市中区

济南市槐荫区

济南市天桥区

济南市历城区

济南市长清区

济南市章丘区

济南市济阳区

济南市莱芜区

济南市钢城区

济南市平阴县

济南市商河县

青岛市市南区

青岛市市北区

青岛市李沧区

青岛市崂山区

青岛市西海岸新区

青岛市城阳区

青岛市即墨区

青岛市胶州市

青岛市平度市

青岛市莱西市

淄博市淄川区

淄博市张店区

淄博市博山区

淄博市临淄区

淄博市周村区

淄博市桓台县

淄博市高青县

淄博市沂源县

枣庄市市中区

枣庄市薛城区

枣庄市峄城区

枣庄市台儿庄区

枣庄市山亭区

枣庄市滕州市

东营市东营区

东营市河口区

东营市垦利区

东营市利津县

东营市广饶县

烟台市芝罘区

烟台市福山区

烟台市牟平区

烟台市莱山区

烟台市龙口市

烟台市莱阳市

烟台市莱州市

烟台市蓬莱市

烟台市招远市

烟台市栖霞市

烟台市海阳市

烟台市长岛县

潍坊市潍城区

潍坊市寒亭区

潍坊市坊子区

潍坊市奎文区

潍坊市青州市

潍坊市诸城市

潍坊市寿光市

潍坊市安丘市

潍坊市高密市

潍坊市昌邑市

潍坊市临朐县

潍坊市昌乐县

济宁市任城区

济宁市兖州区

济宁市曲阜市

济宁市邹城市

济宁市微山县

济宁市鱼台县

济宁市金乡县

济宁市嘉祥县

济宁市汶上县

济宁市泗水县

济宁市梁山县

泰安市泰山区

泰安市岱岳区

泰安市新泰市

泰安市肥城市

泰安市宁阳县

泰安市东平县

威海市环翠区

威海市文登区

威海市荣成市

威海市乳山市

日照市东港区

日照市岚山区

日照市五莲县

日照市莒县

临沂市兰山区

临沂市罗庄区

临沂市河东区

临沂市沂南县

临沂市郯城县

临沂市沂水县

临沂市兰陵县

临沂市费县

临沂市平邑县

临沂市莒南县

临沂市蒙阴县

临沂市临沭县

德州市德城区

德州市陵城区

德州市乐陵市

德州市禹城市

德州市宁津县

德州市庆云县

德州市临邑县

德州市齐河县

德州市平原县

德州市夏津县

德州市武城县

聊城市东昌府区

聊城市临清市

聊城市阳谷县

聊城市莘县

聊城市茌平县

聊城市东阿县

聊城市冠县

聊城市高唐县

滨州市滨城区

滨州市沾化区

滨州市惠民县

滨州市阳信县

滨州市无棣县

滨州市博兴县

滨州市邹平市

菏泽市牡丹区

菏泽市定陶区

菏泽市曹县

菏泽市单县

菏泽市成武县

菏泽市巨野县

菏泽市郓城县

菏泽市鄄城县

菏泽市东明县

四　随机抽查的公共企事业单位

山东省立医院

山东省千佛山医院

山东产权交易中心有限公司

山东高速集团有限公司

山东师范大学

山东建筑大学

山东省交通运输厅执法局

淄博市自来水公司

淄博热力有限公司

枣庄市供水总公司

枣庄华润燃气有限责任公司

烟台市自来水有限公司

烟台市热力有限公司

潍坊市自来水有限公司

潍坊港华燃气有限公司

威海水务集团

威海港华燃气公司

泰山城区热力有限公司

泰安市自来水公司

日照新奥燃气公司

日照水务集团

青岛水务集团有限公司

青岛能源集团有限公司

临沂中裕燃气有限公司

临沂实康水务有限公司

聊城新奥燃气有限公司

聊城市城市水务集团有限公司

济宁市中山公用水务有限公司

济宁华润燃气有限公司

济南水务集团有限公司

济南港华燃气有限公司

菏泽中石油昆仑燃气有限公司

菏泽市自来水公司

东营市自来水公司

东营市供气站

德州中燃城市燃气发展有限公司

德州公用水务有限公司

滨州鑫城热力有限公司

滨州五海自来水有限公司

济南市长清区第一初级中学

济南市章丘区第一中学

济南第十三中学

济南市经五路小学

商河县实验小学

平阴县实验学校

山东省济南泉城中学

济南市历城第二中学

济南市济阳区第一中学

济南第十二中学

莱芜区莱新中学

济南市钢城区实验学校

青岛大学路小学

青岛第四中学

平度市实验中学

青岛沧口学校

青岛市崂山区实验小学

莱西市第四中学

胶州市初级实验中学

青岛市即墨区山师实验学校

青岛西海岸新区王家楼小学

青岛市城阳区实验中学

淄博市淄川第二中学

淄博市周村区实验中学

淄博市张店区实验中学

沂源县实验中学

淄博市临淄中学

桓台第一中学

高青县实验中学

淄博市博山区第六中学

枣庄市峄城区实验小学

枣庄市薛城区舜耕中学

滕州市至善中学

枣庄市台儿庄区实验小学

枣庄市市中区实验中学

枣庄市山亭区新源实验学校

利津县第一实验学校

东营市胜利第八中学

东营市河口区河安小学

广饶县实验中学

东营市东营区第一中学

烟台市芝罘区国翠小学

招远市泉山学校

长岛县第一实验学校

栖霞市实验中学

蓬莱市实验中学

烟台市牟平区实验初级中学

龙口市明德学校

莱州市实验小学

莱阳市实验小学

烟台永铭中学

海阳市育才小学

烟台市福山区崇文中学

诸城市东鲁学校

潍坊第三中学

寿光市实验中学

青州市旗城学校

临朐县第一实验小学

潍坊新华中学

潍坊市寒亭区第一中学

高密市第一实验小学

潍坊市坊子区尚文中学

昌邑市实验中学

昌乐县实验中学

安丘市实验小学

邹城市第一实验小学

鱼台县实验小学

济宁市兖州区试验小学

汶上县第一实验小学

微山县实验小学教育集团

泗水县实验小学

济宁市第二中学

曲阜市实验小学

梁山县实验中学

金乡县实验小学

嘉祥县实验小学

新泰市实验中学

泰安市第六中学

宁阳县实验中学

肥城第一中学

东平县第四实验小学

泰安市岱岳区大河学校

威海市文登区实验小学

乳山市府前路学校

荣成市实验中学

威海市实验中学

五莲县实验小学

日照市岚山区实验小学

莒县第一实验小学

日照市东港区第一小学

沂水县实验小学

沂南县第一实验小学

郯城县第一实验小学

平邑县实验小学

蒙阴县第三中学

临沂华盛实验学校

临沭县第一初级中学

临沂第五中学

兰陵县第二中学

莒南县第一小学

临沂第九实验小学

费县实验小学

禹城市解放路小学

夏津县第六中学

武城县第四中学

庆云县第二中学

齐河县第三中学

平原县第一实验小学

宁津县第二实验中学

德州市陵城区第二中学

临邑县第一中学

乐陵市第三中学

德州市第五中学

阳谷县实验小学

莘县明天中学

临清市实验小学

冠县实验小学

高唐县第一实验小学

聊城第七中学

东阿县实验中学

聊城市茌平区实验小学

邹平市实验中学

滨州市沾化区第一中学

阳信县实验小学

无棣县第一中学

惠民县第一中学

博兴县第一中学

滨城区第一小学

郓城县第一中学

菏泽市牡丹区实验小学

鄄城县实验小学

巨野县高级中学

东明县第一初级中学

菏泽市定陶区第一实验小学

单县经济开发区实验中学

成武县实验中学

曹县第一实验小学

济南市长清区人民医院

济南市章丘区人民医院

济南市天桥人民医院

济南市市中区人民医院

商河县人民医院

平阴县人民医院

济南市历下区第二人民医院

济南市历城区中医医院

济南市济阳区人民医院

济南市槐荫区人民医院

济南市莱芜人民医院

济南市钢城区人民医院

青岛市市南区人民医院

青岛市市北区人民医院

平度市人民医院

青岛市李沧区中心医院

莱西市人民医院

胶州市人民医院

青岛市即墨区人民医院

青岛西海岸新区人民医院

青岛市城阳区人民医院

淄博市淄川区医院

淄博市周村区人民医院

淄博市张店区人民医院

沂源县人民医院

淄博市临淄区人民医院

桓台县人民医院

高青县人民医院

淄博市博山区医院

枣庄市峄城区中医院

枣庄市薛城区人民医院

滕州市中医医院

枣庄市台儿庄区人民医院

枣庄市市中区人民医院

枣庄市山亭区人民医院

利津县中心医院

东营市垦利区人民医院

东营市河口区人民医院

广饶县人民医院

东营市东营区人民医院

烟台芝罘医院

招远市人民医院

长岛县人民医院

栖霞市人民医院

蓬莱市人民医院

烟台市牟平区口腔医院

龙口市人民医院

莱州市人民医院

莱阳市人民医院

烟台市莱山区第二人民医院

海阳市人民医院

烟台市福山区人民医院

诸城市人民医院

潍坊市潍城区人民医院

寿光市人民医院

潍坊益都中心医院

临朐县人民医院

潍坊市第二人民医院

潍坊市人民医院寒亭院区

高密市人民医院

潍坊市坊子区人民医院

昌邑市人民医院

昌乐县人民医院

安丘市人民医院

邹城市人民医院

鱼台县人民医院

济宁市兖州区人民医院

汶上县人民医院

微山县人民医院

泗水县人民医院

济宁市第二人民医院

曲阜市人民医院

梁山县人民医院

金乡县人民医院

嘉祥县人民医院

新泰市人民医院

泰安市泰山区妇幼保健院

宁阳县第一人民医院

肥城市人民医院

东平县人民医院

泰安市第一人民医院

威海市文登区口腔医院

乳山市人民医院

荣成市人民医院

威海卫人民医院

五莲县人民医院

日照市岚山区人民医院

莒县人民医院

日照市东港区妇幼保健院

沂水县人民医院

沂南县人民医院

郯城县第一人民医院

平邑县人民医院

蒙阴县人民医院

临沂市罗庄区人民医院

临沭县人民医院

临沂市兰山区人民医院

兰陵县人民医院

莒南县人民医院

临沂市河东区妇幼保健院

费县人民医院

禹城市中医院

夏津县人民医院

武城县人民医院

庆云县人民医院

齐河县人民医院

平原县中医院

宁津县人民医院

德州市陵城区人民医院

临邑县人民医院

乐陵市人民医院

德州市立医院

阳谷县人民医院

莘县人民医院

临清市人民医院

冠县人民医院

高唐县人民医院

聊城市东昌府区人民医院

东阿县妇幼保健院

聊城市茌平区人民医院

邹平市人民医院

滨州市沾化区人民医院

阳信县人民医院

无棣县人民医院

惠民县人民医院

博兴县人民医院

滨州市滨城区市立医院

郓城县人民医院

菏泽市牡丹区人民医院

鄄城县人民医院

巨野县人民医院

东明县人民医院

菏泽市定陶区人民医院

单县中心医院

成武县人民医院

曹县人民医院

附录二 山东省政务公开发展水平研究报告（2019）指标体系

一 省直部门、单位评估指标

（一）行政权力运行公开

二级指标	三级指标	四级指标	评估对象
决策公开	重大决策预公开	决策意见征集	所有部门
		结果反馈情况	所有部门
	会议公开	部门办公会会议议题公开和邀请利益相关方等列席情况	所有部门
		议定事项公开和解读情况	所有部门
	政策文件	栏目建设情况	所有部门
		政策文件的分类或高级查询	所有部门
		规范性文件备案目录、规范性文件制发主体清单	省司法厅
		规范性文件清理结果	所有部门
管理和服务公开	权责清单	是否公开本部门权责清单	除省外办、省国资委、省信访局、省监狱局、山东省税务局外
		是否根据法律法规立改废释情况、机构和职能调整情况等及时调整	

续表

二级指标	三级指标	四级指标	评估对象
管理和服务公开	"双随机、一公开"监管	随机抽查事项清单	省发展改革委、省教育厅、省公安厅、省人力资源社会保障厅、省生态环境厅、省住房城乡建设厅、省交通运输厅、省农业农村厅、省商务厅、省文化和旅游厅、省卫生健康委、省应急厅、省市场监管局、省统计局、山东省税务局
		抽查情况和查处结果	
	社会信用体系	行政许可、行政处罚信息公示	除省退役军人厅、省外办、省国资委、省大数据局、省信访局、省监狱局、山东省税务局外
		信用"红黑名单"	
	减税降费	行政事业性收费目录	省财政厅
		政府定价或指导价经营服务性收费清单	省发展改革委
		政府性基金目录	省财政厅
	优化服务	确需保留的证明事项目录清单	省司法厅
		政务服务事项目录和办事指南	除省审计厅、省监狱局外
执行和结果公开	重要部署执行公开	政府工作报告、年度重点工作、民生实事项目等重大决策部署执行情况	所有部门
	审计与后评估	本级预算执行审计报告和其他财政收支情况	省审计厅
		督查和审计发现问题及整改落实情况	所有部门
	建议提案办理结果	专门栏目或目录建设情况	所有部门
		办理结果复文和办理总体情况公开	所有部门

（二）重点领域信息公开

二级指标	三级指标	四级指标	评估对象
财政信息	财政预决算	专栏设置	所有部门
		预决算说明	
		预决算表格	
		"三公"经费预决算	
		重点项目文本、绩效目标和绩效评价结果	
	其他财政信息	月度财政收支信息	省财政厅
		政府债务信息	
行政执法公示	事前公开	统一的执法信息公示平台建设和利用情况	除省外办、省国资委、省信访局、省监狱局、山东省税务局外
		行政执法职责、执法依据、执法程序、监督途径等信息	
		本机关的服务指南、执法流程图	
		执法事项名称、受理机构、审批机构、受理条件、办理时限等内容	
	事后公开	执法机关、执法对象、执法类别、执法结论等执法结果信息	
		本机关上年度行政执法总体情况有关数据	
重大建设项目和公共资源配置	重大建设项目批准和实施领域信息	重大建设项目范围或发布重大建设项目清单	省发展改革委、省工业和信息化厅、省住房城乡建设厅、省自然资源厅、省交通运输厅、省水利厅
		批准服务信息	
		项目实施信息	

续表

二级指标	三级指标	四级指标	评估对象
重大建设项目和公共资源配置	公共资源配置领域信息	城镇保障性安居工程、农村危房改造和棚户区改造相关政策措施执行情况信息	省住房城乡建设厅
		发布并解读住房公积金年度报告，并按季度发布公积金管理运行信息	
		公共资源交易目录	省发展改革委
		公共资源交易公告、资格审查结果、交易过程信息、成交信息、履约信息以及有关变更信息	所有部门
"三大攻坚战"信息	污染防治	空气质量状况	省生态环境厅
		饮水安全状况	省生态环境厅
		建设项目环境影响评价	省生态环境厅
	事后公开	相关政策措施及解读信息公开情况	省地方金融监管局、省应急厅
		相关领域工作动态发布情况	
社会公益事业建设领域	社会救助	城乡低保、特困人员救助供养、医疗救助、临时救助的救助标准	省民政厅、省医保局
		城乡低保、特困人员救助供养、医疗救助、临时救助的申报指南	
		城乡低保、特困人员救助供养、医疗救助、临时救助的救助人次数、资金支出情况等基本数据	
	社会福利	老年人福利、残疾人福利、儿童福利等福利补贴对象认定条件、申领范围、补贴标准及申请审批程序等相关政策	省民政厅

续表

二级指标	三级指标	四级指标	评估对象
社会公益 事业建设 领域	社会福利	救助款物的管理使用、福利补贴发放等情况	省民政厅
	就业和 社会保障	现行有效的社会保险法规、制度、政策、标准、经办流程以及调整社会保险费的政策措施	省民政厅、省医保局
		参保人数、待遇支付、基金收支情况	
		发布医保定点医院、药店及药品、诊疗项目目录等	省医保局
		及时公开优惠扶持政策	省人力资源社会保障厅
		主动发布企事业单位招录、人力资源市场供求、创业培训、职业培训等信息	
	教育	公开并解读教育相关政策措施	省教育厅
		公开教育相关发展规划、专项经费投入、分配和使用、困难学生资助实施情况	
	医疗健康	医保监管信息公开	省医保局
		医疗服务信息公开	省卫生健康委
		公立医院绩效考核结果公开	
	公共文化 体育	基本信息	省文化和旅游厅、省体育局
		公共文化体育名录信息	
		相关活动信息	
	灾害事故 救援	工作情况及动态信息	省应急厅
		救助款物和捐赠款物等救援信息	
	社会组织	社会组织名录	省民政厅
		设立、变更、注销登记等审批信息	
		年检年报、评估检查、奖励处罚等管理信息	

续表

二级指标	三级指标	四级指标	评估对象
公共监管	国资国企	省管企业信息披露	省国资委
		省属国企监管信息	
	市场监管与安全生产	产品质量监督抽查结果	省市场监管局
		食品药品监督抽检信息	
		安全生产执法检查信息	省应急厅
		建筑市场监管信息	省住房城乡建设厅

（三）依申请公开

二级指标	三级指标	四级指标	评估对象
渠道畅通性	提交申请	在线渠道畅通性	所有部门
		信函渠道畅通性	
依法答复	在线渠道/信函渠道	答复时限	
		形式规范性	
		内容规范性	

（四）政策解读与回应关切

二级指标	三级指标	四级指标	评估对象
政策解读	解读文件	解读文件发布	所有部门
		政策文件与解读材料关联性	
	解读情况	解读比例	
		解读形式	
回应关切	舆情回应	回应工作机制	
		回应内容情况	
	互动交流	平台功能建设	
		反馈信息公开	

续表

二级指标	三级指标	四级指标	评估对象
回应关切	办理答复	答复时效	所有部门
		答复内容	

（五）政务公开保障机制

二级指标	三级指标	四级指标	评估对象
平台建设	政府网站	建设管理	所有部门
		查询便利性	所有部门
		无障碍浏览	所有部门
	政务新媒体	建设管理	所有部门
		内容发布	所有部门
基础建设	公开目录及指南	政府信息公开目录	所有部门
		政府信息公开指南	所有部门
	政府信息公开工作年度报告	可获取性	所有部门
		发布时效	所有部门
		内容全面性	所有部门
	主动公开基本目录	编制情况	所有部门
		目录内容	所有部门
	公共企事业单位信息公开	基础信息	省教育厅、省卫生计生委、省交通运输厅和省国资委
		重点内容	
组织管理	组织领导	政务公开领导小组	所有部门
		机构设置情况	所有部门
	业务培训	培训计划	所有部门
		培训开展情况	所有部门
	考核监督	纳入考核情况	所有部门

续表

二级指标	三级指标	四级指标	评估对象
组织管理	工作推进	2019 年度政务公开工作实施方案或工作安排	所有部门

二 市政府

（一）行政权力运行公开

二级指标	三级指标	四级指标
决策公开	重大决策预公开	年度重大决策事项目录、标准
		决策意见征集
		结果反馈情况
	会议公开	政府常务会议题公开和邀请利益相关方等列席情况
		议定事项公开和解读情况
	政策文件	栏目建设情况
		政策文件的分类或高级查询
		规范性文件备案目录、规范性文件制发主体清单
		规范性文件清理结果
管理和服务公开	权责清单	是否公开本级政府部门权责清单
		是否根据法律法规立改废释情况、机构和职能调整情况等及时调整
	"双随机、一公开"监管	随机抽查事项清单
		抽查情况和查处结果
	社会信用体系	行政许可、行政处罚信息公示
		信用"红黑名单"
	减税降费	行政事业性收费目录
		政府定价或指导价经营服务性收费清单
		政府性基金目录

续表

二级指标	三级指标	四级指标
管理和服务 公开	优化服务	确需保留的证明事项目录清单
		政务服务事项目录和办事指南
执行和结果 公开	重要部署执行 公开	政府工作报告、年度重点工作、民生实事项目等 重大决策部署执行情况
	审计与后评估	本级预算执行审计报告和其他财政收支情况
		督查和审计发现问题及整改落实情况
		专门栏目或目录建设情况
	建议提案办理结果	办理结果复文和办理总体情况公开

（二）重点领域信息公开

二级指标	三级指标	四级指标
财政信息	财政预决算	专栏设置
		预决算说明
		预决算表格
		"三公"经费预决算
		重点项目文本、绩效目标和绩效评价结果
	其他财政信息	月度财政收支信息
		政府债务信息
行政执法 公示	事前公开	统一的执法信息公示平台建设和利用情况
		行政执法职责、执法依据、执法程序、监督途径 等信息
		本机关的服务指南、执法流程图
		执法事项名称、受理机构、审批机构、受理条件、 办理时限等内容
	事后公开	执法机关、执法对象、执法类别、执法结论等执 法结果信息
		本机关上年度行政执法总体情况有关数据

山东省政务公开发展水平研究报告（2019）

续表

二级指标	三级指标	四级指标
重大建设项目和公共资源配置	重大建设项目批准和实施领域信息	重大建设项目范围或发布重大建设项目清单
		批准服务信息
		项目实施信息
	公共资源配置领域信息	城镇保障性安居工程、农村危房改造和棚户区改造相关政策措施执行情况信息
		发布并解读住房公积金年度报告，并按季度发布公积金管理运行信息
		公共资源交易目录
		公共资源交易公告、资格审查结果、交易过程信息、成交信息、履约信息以及有关变更信息
"三大攻坚战"信息	脱贫攻坚	扶贫政策措施
		扶贫资金项目
	污染防治	空气质量状况
		饮水安全状况
		建设项目环境影响评价
		企业事业单位环境信息
	防范化解重大风险	相关政策措施及解读信息公开情况
		相关领域工作动态发布情况
社会公益事业建设领域	社会救助	城乡低保、特困人员救助供养、医疗救助、临时救助的救助标准
		城乡低保、特困人员救助供养、医疗救助、临时救助的申报指南
		城乡低保、特困人员救助供养、医疗救助、临时救助的救助人次数、资金支出情况等基本数据
	社会福利	老年人福利、残疾人福利、儿童福利等福利补贴对象认定条件、申领范围、补贴标准及申请审批程序等相关政策
		救助款物的管理使用、福利补贴发放等情况

206

续表

二级指标	三级指标	四级指标
社会公益事业建设领域	就业和社会保障	现行有效的社会保险法规、制度、政策、标准、经办流程以及调整社会保险费的政策措施
		参保人数、待遇支付、基金收支情况
		发布医保定点医院、药店及药品、诊疗项目目录等
		及时公开优惠扶持政策
		主动发布企事业单位招录、人力资源市场供求、创业培训、职业培训等信息
	教育	本地区职业教育学校名录
		本市民办教育管理相关政策文件和民办学校名单
	医疗健康	医保监管信息
		医疗服务信息
		公立医院绩效考核结果
	公共文化体育	基本信息
		公共文化体育名录信息
		相关活动信息
	灾害事故救援	工作情况及动态信息
		救助款物和捐赠款物等救援信息
	社会组织	社会组织名录
		设立、变更、注销登记等审批信息
		年检年报、评估检查、奖励处罚等管理信息
公共监管	国资国企	市管企业信息披露
		市属国企监管信息
	市场监管与安全生产	产品质量监督抽查结果
		食品药品监督抽检信息
		安全生产执法检查信息
		建筑市场监管信息

（三）依申请公开

二级指标	三级指标	四级指标
渠道畅通性	提交申请	在线渠道畅通性
		信函渠道畅通性
依法答复	在线渠道/信函渠道	答复时限
		形式规范性
		内容规范性

（四）政策解读与回应关切

二级指标	三级指标	四级指标
政策解读	解读文件	解读文件发布
		政策文件与解读材料关联性
	解读情况	解读比例
		解读形式
回应关切	舆情回应	回应工作机制
		回应内容情况
	互动交流	平台功能建设
		反馈信息公开
	办理答复	答复时效
		答复内容

（五）政务公开保障机制

二级指标	三级指标	四级指标
平台建设	政府网站	建设管理
		查询便利性
		无障碍浏览

二级指标	三级指标	四级指标
平台建设	政务新媒体	建设管理
		内容发布
	政府公报	可获取性
		发布及时性
		数字化情况
基础建设	公开目录及指南	政府信息公开目录
		政府信息公开指南
	政府信息公开工作年度报告	可获取性
		发布时效
		内容全面性
	主动公开基本目录	编制情况
		目录内容
组织管理	组织领导	政务公开领导小组
		机构设置情况
	业务培训	培训计划
		培训开展情况
	工作推进	2019 年度政务公开工作实施方案或工作安排

三 县（市、区）政府

（一）行政权力运行公开

二级指标	三级指标	四级指标
决策公开	重大决策预公开	年度重大决策事项目录、标准
		决策意见征集
		结果反馈情况

二级指标	三级指标	四级指标
决策公开	会议公开	政府常务会议题公开和邀请利益相关方等列席情况
		议定事项公开和解读情况
	政策文件	栏目建设情况
		政策文件的分类或高级查询
		规范性文件备案目录、规范性文件制发主体清单
		规范性文件清理结果
管理和服务公开	权责清单	是否公开本级政府部门权责清单
		是否根据法律法规立改废释情况、机构和职能调整情况等及时调整
	"双随机、一公开"监管	随机抽查事项清单
		抽查情况和查处结果
	社会信用体系	行政许可、行政处罚信息公示
		信用"红黑名单"
	减税降费	行政事业性收费目录
		政府定价或指导价经营服务性收费清单
		政府性基金目录
	优化服务	确需保留的证明事项目录清单
		政务服务事项目录和办事指南
执行和结果公开	重要部署执行公开	政府工作报告、年度重点工作、民生实事项目等重大决策部署执行情况
	审计与后评估	本级预算执行审计报告和其他财政收支情况
		督查和审计发现问题及整改落实情况
	建议提案办理结果	专门栏目或目录建设情况
		办理结果复文和办理总体情况公开

（二）重点领域信息公开

二级指标	三级指标	四级指标
财政信息	财政预决算	专栏设置
		预决算说明
		预决算表格
		"三公"经费预决算
		重点项目文本、绩效目标和绩效评价结果
	其他财政信息	月度财政收支信息
		政府债务信息
行政执法公示	事前公开	统一的执法信息公示平台建设和利用情况
		行政执法职责、执法依据、执法程序、监督途径等信息
		本机关的服务指南、执法流程图
		执法事项名称、受理机构、审批机构、受理条件、办理时限等内容
	事后公开	执法机关、执法对象、执法类别、执法结论等执法结果信息
		本机关上年度行政执法总体情况有关数据
重大建设项目和公共资源配置	重大建设项目批准和实施领域信息	重大建设项目范围或发布重大建设项目清单
		批准服务信息
		项目实施信息
	公共资源配置领域信息	城镇保障性安居工程、农村危房改造和棚户区改造相关政策措施执行情况信息
		公共资源交易目录
		公共资源交易公告、资格审查结果、交易过程信息、成交信息、履约信息以及有关变更信息
"三大攻坚战"信息	脱贫攻坚	扶贫政策措施
		扶贫资金项目

续表

二级指标	三级指标	四级指标
"三大攻坚战"信息	污染防治	空气质量状况
		饮水安全状况
		建设项目环境影响评价
		企业事业单位环境信息
	防范化解重大风险	相关政策措施及解读信息公开情况
		相关领域工作动态发布情况
社会公益事业建设领域	社会救助	城乡低保、特困人员救助供养、医疗救助、临时救助的救助标准
		城乡低保、特困人员救助供养、医疗救助、临时救助的申报指南
		城乡低保、特困人员救助供养、医疗救助、临时救助的救助人次数、资金支出情况等基本数据
	社会福利	老年人福利、残疾人福利、儿童福利等福利补贴对象认定条件、申领范围、补贴标准及申请审批程序等相关政策
		救助款物的管理使用、福利补贴发放等情况
	就业和社会保障	现行有效的社会保险法规、制度、政策、标准、经办流程以及调整社会保险费的政策措施
		参保人数、待遇支付、基金收支情况
		发布医保定点医院、药店及药品、诊疗项目目录等
		及时公开优惠扶持政策
		主动发布企事业单位招录、人力资源市场供求、创业培训、职业培训等信息
	教育	学前教育布局建设规划、公办幼儿园和认定通过的普惠性民办幼儿园名单以及办园评估结果
		义务教育招生信息
	医疗健康	基本公共卫生服务
		医疗服务信息
		公立医院绩效考核结果

续表

二级指标	三级指标	四级指标
社会公益事业建设领域	公共文化体育	基本信息
		公共文化体育名录信息
		相关活动信息
	灾害事故救援	工作情况及动态信息
		救助款物和捐赠款物等救援信息
公共监管	国资国企	县（市、区）管企业信息披露
		县（市、区）属国企监管信息
	市场监管与安全生产	产品质量监督抽查结果
		食品药品监督抽检信息
		安全生产执法检查信息
		建筑市场监管信息

（三）依申请公开

二级指标	三级指标	四级指标
渠道畅通性	提交申请	在线渠道畅通性
		信函渠道畅通性
依法答复	在线渠道/信函渠道	答复时限
		形式规范性
		内容规范性

（四）政策解读与回应关切

二级指标	三级指标	四级指标
政策解读	解读文件	解读文件发布
		政策文件与解读材料关联性

二级指标	三级指标	四级指标
政策解读	解读情况	解读比例
		解读形式
	互动交流	平台功能建设
		反馈信息公开
	办理答复	答复时效
		答复内容

（五）政务公开保障机制

二级指标	三级指标	四级指标
平台建设	政府网站	建设管理
		查询便利性
		无障碍浏览
	政务新媒体	建设管理
		内容发布
	政府公报	可获取性
		发布及时性
		数字化情况
基础建设	公开目录及指南	政府信息公开目录
		政府信息公开指南
	政府信息公开工作年度报告	可获取性
		发布时效
		内容全面性
	主动公开基本目录	编制情况
		目录内容

二级指标	三级指标	四级指标
组织管理	组织领导	政务公开领导小组
		机构设置情况
	业务培训	培训计划
		培训开展情况
	工作推进	2019 年度政务公开工作实施方案或工作安排

参考文献

［1］李刚、周鸣乐、戚元华著《政府网站建设与绩效评估——以山东省为例》，中国社会科学出版社，2019。

［2］李刚、李旺、戚元华、周鸣乐著《山东省政务公开发展水平研究报告（2018）》，中国社会科学出版社，2019。

［3］田禾、吕艳滨主编《中国政府透明度（2019）》，中国社会科学出版社，2019。

［4］陈甦、田禾主编《中国法治发展报告 No.17（2019）》，社会科学文献出版社，2019。

［5］中国社会科学院国家法治指数研究中心、中国社会科学院法学研究所法治指数创新工程项目组著《政府信息公开工作年度报告发布情况评估报告（2019）》，中国社会科学出版社，2019。

后　记

2019 年末以来，新冠肺炎疫情席卷全球，其中有许多值得我们反思，包括政务公开工作。如果 SARS 的应对是政府信息公开立法的催化剂，那么这次疫情可以说是对政务公开工作的一次"大考"。中央电视台主持人白岩松曾在《新闻 1 + 1》中指出："在没有特效药的情况下，信息公开就是最好的疫苗。"诚然，疫情发生以来，信息公开透明成为社会公众广泛的共识和强烈的诉求，特别是当前疫情防控进入常态化阶段，做好疫情信息发布、复工复产复学政策推送和解读也是政务公开的重点工作之一。

政务公开是现代政府的一项重要制度安排，是新时代党中央、国务院提升国家治理能力，发展社会主义民主政治，保障人民群众知情权、参与权、表达权和监督权的重要决策部署。山东省委、省政府高度重视政务公开工作，在 2019 年和 2020 年政府工作报告中分别提出，"推动行政权力全过程公开、公共服务全流程公开、社会关切全方位回应"和"全面推进政务公开"。齐鲁工业大学（山东省科学院）山东省计算中心（国家超级计算济南中心）评估工作组自 2015 年开始，已经连续五年先后六次开展了全省的政务公开第三方评估工作。五年来，评估工作组依托政务公开相关科研课题和实施项目，长期从事政务公开研究工作，为政务公开第三方评估的开展打下了坚实基础，有效指导了政务公开第三方评估工作科学、准确、深入、细致开展。

2019年评估指标体系的设计，坚持紧跟发展趋势、关注系列部署贯彻落实，扩大评估范围、关注各领域差别化公开，强化标准引领、关注基层规范化标准化，坚持需求导向、关注民生保障领域信息，鼓励创新突破、关注典型经验总结推广等原则，紧紧围绕党中央、国务院和省委、省政府的最新部署要求，结合《政府信息公开条例》，着重突出了本年度政务公开重点工作的落实情况。评估内容已经逐步实现以问题为导向、以需求为导向，找准公众关注点和公开重点，积极扩大公众参与，鼓励公开理念和方法的创新。

另外，本团队在五年的评估工作中积累了大量的工作经验和评估数据，在此基础上，选取了公开指南、年度报告、依申请公开、互动交流、公共企事业单位信息公开、政务新媒体等若干热点、难点问题，依照自主设计的专项评估指标体系，对山东省相关工作进行了评估和研究，梳理总结了相关政策要求，分析了各项工作存在的主要问题，并提出了具有建设性的意见和建议，为下一步政务公开工作提供了决策依据和参考。

2019年是中华人民共和国成立70周年，是全面建成小康社会、实现第一个百年奋斗目标的关键之年，是《政府信息公开条例》实施11年后首次完成修订并发布实施，是山东省的"工作落实年"，也是全面推进政务公开工作的关键一年。推进政务公开工作已经成为提升治理体系和治理能力现代化水平、优化营商环境的重要举措，值此之际，评估工作组推出了《山东省政务公开发展水平研究报告（2019）》。在此，向所有参与和支持本书的同志致以诚挚的谢意！今后，评估工作组将继续坚持不断研究、思考、总结，为山东省政务公开的发展贡献一份微薄之力。衷心欢迎各界朋友对本报告提出宝贵的意见和建议，以便进一步做好政务公开发展水平研究工作，不断推进山东省政务公开工作向纵深发展！

作 者

2020 年 6 月于济南

图书在版编目（CIP）数据

山东省政务公开发展水平研究报告. 2019 ／ 周鸣乐
等著. -- 北京：社会科学文献出版社，2020.12
ISBN 978 - 7 - 5201 - 7589 - 0

Ⅰ. ①山… Ⅱ. ①周… Ⅲ. ①地方政府 - 行政管理 -
研究报告 - 山东 - 2019 Ⅳ. ①D625.52

中国版本图书馆 CIP 数据核字（2020）第 222680 号

山东省政务公开发展水平研究报告（2019）

著 者／周鸣乐 戚元华 李 刚 李 敏

出 版 人／王利民
责任编辑／曹长香

出 版／社会科学文献出版社（010）59367162
地址：北京市北三环中路甲 29 号院华龙大厦 邮编：100029
网址：www.ssap.com.cn
发 行／市场营销中心（010）59367081 59367083
印 装／三河市尚艺印装有限公司

规 格／开 本：787mm × 1092mm 1/16
印 张：14.75 字 数：188 千字
版 次／2020 年 12 月第 1 版 2020 年 12 月第 1 次印刷
书 号／ISBN 978 - 7 - 5201 - 7589 - 0
定 价／78.00 元

本书如有印装质量问题，请与读者服务中心（010 - 59367028）联系